COCINA

MEXICANA

Coordinación Editorial: Ricardo García Herrero
Diagramación: Jorge Garrán Marey
Diseño de cubiertas: Alfredo García Anievas
Fotografías: Imagen MAS

SEGUNDA EDICIÓN

© Elvito Martínez, Jose A. Fidalgo y
EDITORIAL EVEREST, S. A.
Carretera León-La Coruña km 5 - LEÓN
ISBN: 84-241-2196 1
Depósito Legal: LE: 281-1994
Printed in Spain - Impreso en España

EDITORIAL EVERGRÁFICAS, S. L.
Carretera León-La Coruña km 5
LEÓN (ESPAÑA)

MÉXICO LE INVITA A DEGUSTAR SU COCINA

México es un país pletórico de personalidad, de colores, música, luz, equilibrio, danza, olores, arqueología, cocina, pájaros, enigmáticos rostros y horizontes limpios. Un ambiente que deja en el hondón del alma de quien lo visita recuerdos inolvidables, suspiros incontenibles y enormes deseos de volver. Y todo esto ocurre porque México encarna y expone, en esa personalidad, la cultura de Occidente, a través de su fuerte y original versión española, y las más jugosas y ricas culturas de América. Como si de una peripecia andariega se tratara, los autores de este libro, docentes por vocación, escritores de oficio y gastrónomos por devoción, pretenden descubrir al lector las mil y una sabrosuras de la culinaria mexicana a través de atractivas y fáciles recetas de los más tradicionales platillos regionales y nacionales. En ellas también aletea el espíritu de México.

EDITORIAL EVEREST, S. A.

MADRID • LEON • BARCELONA • SEVILLA • GRANADA • VALENCIA
ZARAGOZA • LAS PALMAS DE GRAN CANARIA • LA CORUÑA
PALMA DE MALLORCA • ALICANTE – MEXICO • BUENOS AIRES

LA COCINA MEXICANA

Hubo un tiempo, cuando Herder y luego Haushofer sentaron las bases de la Geopolítica, en que era segura la creencia en la interrelación de clima y carácter. Pero ha habido también, antes y después, quienes lo han puesto en duda. Entre ellos alguien tan eximio como el P. Feijoo, gallego de nación y asturiano de afición, el cual, arguyendo su opinión contraria a las fatalidades geográficas, alegaba el caso de los asturianos, naturales de una tierra pluviosa y vivos de temple y de mente bien aguda. Pero si el clima no afecta a la inteligencia, influye en el carácter y así se hace a este locuaz y a aquel taciturno, a otro flemático y tenaz y al de más allá emprendedor y aventurero. Más todavía influye el clima en las costumbres.

Tierra, clima y gastronomía

Quienes propugnan la tesis de las influencias climáticas en las costumbres aducen como más convincente la de su reflejo en el comer y la cocina. Prueba elocuente, no hay duda, pues díme lo que comes y te diré quien eres. Aunque también podría formularse a la inversa... De la cocina mexicana se puede decir y con razón que es sinfonía en la composición de sus platillos y pictórica y polícroma en su presentación. Pero, ¿cuál puede ser el común denominador entre un platillo que se elabora con carne de res en trozos, hueso, garbanzo y verdura, reventando en valor nutritivo, y otro en que la almeja catarina vive la plenitud de su felicidad entre mayonesa, ejotes, chícharos, pimienta, sal y chiles jalapeños? Otro tanto podemos decir de la repostería. En los estados de Coahuila y Nuevo León en torno a la nuez se ha formado una auténtica cultura gastronómica representada por los rollos de nuez, las palanquetas, las nueces garrapiñadas y las glorias. En Durango se confeccionan cajetas de membrillo, guayaba, ciruela, durazno y otras frutas que, por lo general, se acompañan de queso a la hora de servirlas. El nombre de Colima evoca la dulce fragancia de cocadas y alfajores, productos costeños por excelencia. En San Luis Potosí abunda el queso de tuna, al natural o relleno de nueces, piñones, cacahuates o almendras. Por otra parte, merced a la diversidad climática de la región que se traduce en una gran profusión de frutas, tanto de tierra caliente , como plátano, guayaba, pahua, papaya, mamey, zapote, mango, granada y naranja, como de tierra fría, manzana, ciruela, pera, nuez y capulín, en Puebla y Pachuca se prodigan sin cuento dulces cristalizados de naranja, trigo, tejocote, piña, calabacete y biznaga. Y esto sin olvidar las frutas almibaradas, tan dulce y amable todo como las monjiles comunidades que a menudo confeccionaban estas golosinas. ¿No es verdad que se trata de meritorias versiones culinarias de climas distintos?

Unidad en lo múltiple

La cocina mexicana, pues, es como el clima y la tierra, ensamblados a base de contrastes. Hay tierras de todos los tipos y colores. Verde y vaporosa en Yucatán; roja y caliente y a las veces encendida en Jalisco. Sólo se sombrea y madura en los Altos, donde se da a un tiempo el tequila, la amapola y la rueda de plata de los caballistas. Por Monterrey la tierra es llanura desértica, arena de camino, pie para las montañas y el silencio. Ya en Guerrero y camino de Acapulco la tierra se hace asiento, bandeja y falda de azúcar y café; masas verdes de selvas sobre las que cabalgan las iglesias coloniales, blancas y de doble torre.

No menos variado se nos ofrece el clima: el tropical en la costa, con el susurro sempiterno de una suave brisa; el frío en las altas cumbres; el templado en los innumerables valles, alineados entre las dos cadenas montañosas, donde se yerguen las principales ciudades del país, bajo la azul monotonía de su firmamento velado apenas por los grises difusos de la contaminación.

El mestizaje

Cincelada por tantos climas, tantas tierras y tan diversos ambientes, la cocina mexicana no es una, sino muchas en personalidad y carácter, además de mestiza. Es decir, fruto de los esponsales de dos culturas, a cual más arraigada y profunda, ricas las dos en tradiciones y variaciones regionales, hincadas en la más lejana antigüedad.

Como correspondía a la alcurnia de los contrayentes, los dones de la boda fueron ricos. De una parte, por citar algunos, maíz, chile , jitomate, frijol, guajolotes, cacao y quelites; de la otra, arroz, trigo, reses, ovejas, cerdos, leche, queso, aceite, ajo, vinagre y azúcar. Bien avenido el matrimonio, dejó larga prole de que nos da cumplida noticia el insigne Salvador Novo:

«Atoles y cacaos se benefician con el piloncillo y la leche; las tortillas, al freirse, al recibir el espolvoreo del chorizo, se transforman en garnachas, chalupas, sopes, tostadas, tacos, enchiladas, chilaquiles, infladas, molotes, bocoles, pellizadas. Los tamales serán más esponjosos con la manteca bien batida cuando después de bien arropados en la hoja de elote reciben cocción en las ollas.

Los frijoles refritos serán más deliciosos que de la olla; y tanto los frijoles como las rajas fritas de chile con cebolla, admitirán gustosos la caricia blanca, sápida del queso y de la crema. Del maridaje del maíz con el queso nacerán las quesadillas; como empanadas, si, pero subrayadas con la rajita de chile, o ennoblecidas con la flor de calabaza o con el epázotl. Y en los paneques rellenos de papa con queso, el tomate pondría a bañarlos la ruborosa, fluída delicia de su salsa.

Y nacerían —¡oh, apogeo, culminación, climax del mestizaje gastronómico!— los chiles rellenos: del queso, de picadillo; con pasas, almendras y acitrones; capeados en huevo batido; fritos, y por fin, náufragos en salsa de tomate y cebolla con su puntita de clavo y de azúcar. Para coronar un arroz con chícharos; para, a trozos, verse acompañados con frijoles refritos en el viaje que los arropa en el abanico de tortilla caliente que sostienen —cuchara comestible— dos dedos diestros hasta una ávida boca, ya hecha agua. O la orfebrería coronada de rubíes de los conventuales chiles en nogada».

Los grandes artífices

La aportación conventual al proceso de mestizaje fue en extremo meritoria. El mismo autor lo expresa a las claras al afirmar que en las cocinas de los conventos se gestó «lenta, dulcemente, el mestizaje que cristalizaría la opulenta seguridad de la cocina mexicana». También su equilibrio y expansión, por la evangélica obra de enseñar a los que estaban ayunos de conocimientos, en lo que se distinguieron la práctica totalidad de las órdenes, sobre todo las femeninas, es decir: franciscanas, dominicas, carmelitas, agustinas, clarisas, capuchinas, bernardas, concepcionistas, jerónimas y benedictinas.

De los escenarios del ingenio gastronómico y exquisito gusto monjil, uno ha llegado a nosotros que, con Manuel Toussaint, podemos calificar de ejemplar prócer: la cocina del convento de Santa Rosa de Puebla. Toda la estructura interior, muros, bóvedas, puertas, ventanas y braseros está revista de azulejos blancos y azules. No hay acuerdo entre los tratadistas a la hora de fijar la fecha de construcción, pues mientras unos la sitúan a finales del siglo XVII, como recompensa del prelado Santa Cruz a las monjas que, en su obsequio, habían descubierto el *mole poblano*, otros la datan un siglo después. En realidad parece más antigua, aunque hay que reconocer que fue restaurada en repetidas ocasiones. En nuestros días se ha habilitado para Museo de Cerámica pero, en nuestra opinión, el arreglo ha sido desafortunado.

El caso del mole poblano

Aunque esta noble cocina muy

bien pudo ser cuna del mole, la cosa queda todavía hoy en penumbras. Para algunos autores, como Artemio del Valle Arizpe, aquí tuvo lugar el venturoso parto. Cuenta el eximio cronista que, un día, deseando la Madre Andrea, superiora del convento de Santa Rosa, agasajar a monseñor Santa Cruz, concilió el peculiar platillo a base de ingredientes españoles y mexicanos . Aseguran otras estudiosos que, allá por el año de 1642, visitando Puebla el obispo titular y virrey Juan de Palafox y Mendoza (1600–1659) tocó el honor de preparar el banquete a Fr. Pascual. Entró en la cocina conventual, donde ya cocían los guajolotes, y vió con sorpresa las especias regadas por toda la pieza. Bien enojado el fraile, reunió todo en una charola; en el mismo instante, una ráfaga de viento las hizo volar, cayendo en la cazuela donde cocían los guajolotes. El milagro se había operado; había nacido el mole, del azteca *molli*, mezcla, salsa, guisado.

Los obradores monjiles

Nada más propicio para la creatividad gastronómica que el claustro, donde una paz sencilla, no aparatosa, como es toda paz cuando es auténtica, rodea la vida de sus moradores, dedicados al alto ministerio, a la profesión no humana de la alabanza. Que esto es así nos lo recuerda Santa Teresa de Avila en un lapidario pensamiento que muchas veces hemos visto grabado en los paramentos de las cocinas conventuales: «Dios también anda entre los pucheros». Más versátil nuestra sor Juana Inés de la Cruz, también deja constancia en su representación a sor Filotea: «Pues, ¿qué os pudiera contar, señora, de los secretos naturales que he descubierto estando guisando? Ver que un huevo se une y se fríe en la manteca o aceite y, por contrario, se despedaza en el almíbar; ver que para que el azúcar se conserve fluída basta echarle una muy mínima parte de agua en que haya estado membrillo u otra fruta agria; ver que la yema y clara de un mismo huevo son tan contrarias que en los unos, que sirven para el azúcar, sirve cada una para sí y juntas no».

La fama de la dulcería monjil es inmemorial. Con el barroquismo que le es característico habla don Artemio de «grandes platones de aurea cocada con sus incomparables cabujones de almendra y pasas, los de chongos zamoranos, los de arequipa de almendra y nuez, los de untosas mermeladas, los de bocado real, los de leche del obispo, los de cafiroleta y cafirolonga, los de dulces de camote y piña, los de bien-me-sabe, recamado con lindos dibujos, hechos con polvo de canela, con piñones y con engranujo de colores; las enormes fuentes con alfeñiques, con delicadas frutas de almendra, con huevos reales y huevos moles, y otras más con regalo de ángeles, con alfajores entre obleas, con bocadillos de leche, de nuez, de coco, con brillantes canelones, manzanitas y otras frutas sublimes hechas de almendra; con huevitos de faltriquera, envueltos en rizados papelillos de color; con sus amieles y mostachones ilustres, con dulces cubiertos, calabazates, chilacayotes, xoconochtles, acitrones traslúcidos, adornados con plata y oro volador; con espejuelos de membrillo; con almendrados de azúcar, con peras tostadas o rellenas o encantilladas o borrachas; con duraznos cristalizados que fulgían como joyas».

La lista aún puede engrosarse, a la luz de los documentos, con petereres de piña y coco, panochitas de leche, gajorros, cabellos de ángel, rosquetas y gusanillos de almendra y frutillas de lo mismo, picones de todas frutas y sabores insignes y piñones cubiertos y charamuscas.

De tal predicamento gozaban estas sabrosuras que no había sarao en casa principal, celebración en convento de frailes, visita pastoral o festejo en Palacio en que no figurasen las escogidas cosas que se elaboraban en los obradores monjiles. Era imponderable su suculencia que casi llevaba al éxtasis al probarlas, sólo al verlas llenábanse de gozo los sentidos.

La comida cotidiana

Pero al lado de las festividades, de la oportunidad y de las ocasiones, que como en todo tiempo y lugar las pintan calvas y con las mejores alas creadoras, la comida diaria incluía platillos de resistencia, con guisos fuertes, bien sazonados, ricos en vitaminas, calorías y todos esos ingredientes que cualquier manjar, para preciarse de tal, debe tener, y por si fuera poco económicos, que los caudales conventuales, pese a los muchos benefactores, siempre anduvieron depauperados. Por desgracia, muchos de los viejos y sapientes recetarios se han perdido, otros cayeron en manos muertas y muy pocos llegaron a la prensas. Nosotros sólo tenemos constancia del *Libro de cocina (del) Convento de San Jerónimo*, dado a la estampa en 1979 por Josefina Muriel y Guadalupe Pérez San Vicente, y el memorable de Luis San Valentín, intitulado *La cocina de las monjas* (1986).

Los frailes

En la propagación de los dones que de España nos llegaron, las órdenes masculinas tomaron notabilísima parte. Sin desdeñar la labor de los particulares, los frailes prodigan en sus huertas ópimas hortalizas, generalizan las gramíneas y cifran sus cuidados en el cultivo de los frutales, como el manzano, la higuera, el ciruelo, el duraznero, el peral, el limonero y el naranjo. Del convento del Carmen de Coyoacán salían para la ciudad peras incomparables; de la Candelaria, regido por los dominicanos, excelentes ciruelas; del franciscano de San Diego, incomparables duraznos. Ya en el lejano 28 de agosto de 1544, el Cabildo de la ciudad de México fija las «posturas» de las frutas y manda pregonar.

Conclusión

Superados los recelos y primeros temores de naturales y españoles, en el siglo XVII será imposible cuantificar, separar los mexicano de lo español. Se había obrado el milagro; había nacido la cocina mexicana, mestiza, y a mucha honra, pero legítima, rica,variopinta y personalísima.

ELEMENTOS TÍPICOS DE LA COCINA MEXICANA

La cocina mexicana, simbiosis de culturas y de tradiciones, plural y colorista en sus formas como ya tenemos dicho, nació a la historia, hace de esto miles de años, envuelta en manto de sencillez.

Fue una culinaria básicamente vegetariana en la que aguacates, frijoles, maíz, chiles, jitomates, hongos, cacao, etc., complementaban sabores y energía con el aporte proteínico de carnes obtenidas en actividades de caza y pesca. Y al igual que todas las culinarias del mundo, la cocina mexicana fue empírica, experimental; consecuencia de éxitos y de fracasos; punto de partida de fórmulas magistrales transmitidas de generación en generación y siempre abiertas a la adaptación de posteriores innovaciones. Ciencia y experiencia expuestas como modelo en los siguientes ejemplos.

Aguacate

El aguacate, *Persea gratissima*, es un árbol de la familia de las lauráceas, muy extendido por tierras tropicales del continente americano, cuyos frutos, de color verde y en forma de pera, gozan de alto valor nutritivo por su contenido en hidratos de carbono y grasas. En España se cultiva en el sur de la península y en las Islas Canarias. México es país amante del aguacate; sus gentes lo consumen al natural «así, sin más», en ensaladas y como complemento de guisos y carnes. Su estima llega a límites tales que el dicho «tener su aguacate» es frase mexicana que implica existencia de dulces amoríos y promesas de felicidad.

Son frecuentes, en México, los platillos elaborados a base de aguacates rellenos de picadillo de lomo de cerdo, o con queso, o con ensalada de lechuga y bañados en nogada dulce... El guacamole combina los placeres del aguacate con los no menos sugestivos de los chiles, jitomates y cebollas.

Cacao

Cuenta una vieja leyenda mexicana que Qualzalcoult, un jardinero del Paraíso, trajo a la Tierra las primeras semillas del quacahualt, o árbol del cacao, para que los habitantes del planeta dispusiesen de un manjar idéntico al de los dioses. De ahí su nombre botánico, *Theobroma cacao*, o alimento de dioses. El cacao está directamente vinculado a la alimentación y vida aztecas desde tiempo inmemorial, utilizando sus semillas no sólo como fuente de alimentación sino también incluso como moneda. Basta recordar, por ejemplo, que 1 countle equivalía a 400 semillas; y 1 xiquipil, 20 countles. La ciudad de Tabasco, en tiempos de Moctezuma, contribuía al emperador con una cuota de 2000 xiquipiles.
Con las semillas de cacao se preparaba y prepara el chocolate (choco = cacao; lat = agua). Los antiguos mexicanos no empleaban azúcar sino miel y en algunos casos, especias. Las gentes humildes mezclaban el cacao con harina de maíz y aromatizaban la mezcla con algo de pimienta.

Bernal Díaz del Castillo y Fray Bernardino de Sahagún nos proporcionan abundosa documentación sobre el consumo de chocolate en la cultura azteca e incluso sobre su preparación. Espigando entre amplísimos recetarios, transcribimos una fórmula citada por Antonio Colmenero en su *Curioso Tratado de la naturaleza y calidad del chocolate*, libro editado en Madrid en 1631: «Para cien habas de cacao, un par de chiles picantes, un puñado de anís y orejabala, un par de flores de mesachuchil o vainilla, seis rosas de Alejandría en polvo, dos dracmas de canela, una docena de almendras, otra de avellanas, media libra de azúcar y la cantidad de achiote que se quisiera hasta obtener una tonalidad rojiza».
Desde un punto de vista nutricio, el cacao contiene un 6% de fécula, un 14% de materias albuminoideas, 45 % de materias grasas, 1,5% de teobromina, algo de cafeína, agua y celulosa. La teobromina ejerce una importante acción diurética; la cafeína, además, es cardiotónica.

Camote (Boniato)

Es ésta una planta convolvulácea, designada en la nomenclatura de Lammarck como *Convolvulus batata*, cuyas raíces tuberosas, muy ricas en féculas y azúcares, constituyen un alimento importante en las

poblaciones americanas, asiáticas e, incluso, africanas. Su consumo en Europa es más bien reducido, aunque sus aplicaciones culinarias pueden sustituir con eficacia a las tradicionales patatas (papas). Tienen sobre éstas la ventaja de carecer de alcaloides, sustancias que, de algún modo, siempre ofrecen cierta toxicidad. El nombre de camote proviene del azteca *camotli*; siendo esta planta muy abundosa en México, especialmente en Querétaro, Tabasco y Chiapas, donde se consume en asados y guisos y es también base de exquisita dulcería como los camotes de Querétaro (o chingaditos) o los de Puebla. En otros países hispanos se la conoce con el nombre de batata o boniato y de su importancia nutricia nos habla así el historiador Fernández de Oviedo: «son muy buenos cocidos, o asados tienen algo mejor sabor, o de la otra manera tienen sabor de castañas muy buenas; asados e con vino son muy buenos de noche...».

Chile (Ají o pimiento picante)

El pimiento, *Capsicum annuum*, es planta de clara raigambre americana y al sentir del historiador Pedro M. de Anglería, en carta fechada en septiembre de 1493, todo parece indicar que fue el propio Colón quien lo trajo a España en uno de sus viajes. Tal fue la expansión europea de esta planta que ya en 1542 Leonarh Fuchs catalogó en Alemania cuatro variedades diferentes. El chile, también ají en otros países americanos, abarca diversas especies picantes del pimiento que fueron y son base de salsamentos y materia prima de guisados. Si atendemos a lo escrito por Fray Bernardino de Sahagún, hemos de concluir que el chile, del que en México se cultivan multitud de especies, fue alimento indispensable en la culinaria azteca. El nos define el *chilmolli* (salsa que aún hoy se elabora en Oaxaca y Guanajato), los tamales de gallina aderezados con chile amarillo, las cazuelas de guajolote «con chile bermejo», los potajes de chiles como el chilmole de chiltepictl, etc.

El mole, plato de origen monacal que reúne en sus componentes toda la esencia de la cocina mexicana, basa su identidad en la presencia del chile (mulato, ancho, pasilla y chilpotle). El valor nutricio del chile, además de contar en su composición con hidratos de carbono, materias nitrogenadas y vitamina C, radica principalmente en la presencia de capsaícina, sustancia que activa la circulación de la sangre al par que estimula y facilita la digestión normal de los alimentos y favorece la evacuación de la bilis.

Frijoles (Alubias)

Cuando aquel gran estudioso de la cultura azteca, Fray Bernardino de Sahagún, escribió su *Historia General de las cosas de la Nueva España*, dibujó así el retrato de la cocinera mexicana: «La mujer que sabe bien guisar... ha de saber echar masa de los frijoles cocidos en la masa de los tamales, y hacer tamales de carne, como empanadillas, y otros guisados que se usan». Nadie discute el origen americano de los frijoles (alubias, habichuelas o judías), si bien algunos autores botánicos se inclinan hacia una cierta cuna asiática para esta planta.

En opinión de Faustino Miranda («*La vegetación de Chiapas*», 1953), el frijol, o *Phaseolus vulgaris*, «fue cultivado por los incas por vez primera, en tiempos muy antiguos, de donde después se extendió a otras partes de América».

Los frijoles verdes, consumidos como verdura, contienen casi un 90% de agua; distribuyendo el 10% restante entre materias nitrogenadas, azúcares y fécula, además de algunas vitaminas. Las semillas, ya maduras, limitan su contenido en agua a un 10-12% y aumentan su contenido en fécula, 60%, en albuminoides entre los que predomina la faseolina, y en otras sustancias como asparagina, tirosina, leucina, lisina, colina, alantoína, etc., que son aminiácidos muy importantes en la nutrición humana.

La infusión hecha con las vainas secas o a punto de madurar tiene propiedades diuréticas y, en opinión de Kaufmann, avalada por los trabajos de Kroeber, antidiabéticas.

Guajolote (Guajalote, Pavo)

Cortés, en una de sus cartas al Emperador Carlos, muestra su sorpresa ante el general bullicio observado en las plazas y mercados mexicanos donde se venden «todo género y ralea de aves que hay en aquella tierra», como perdices, codornices, tórtolas, palomas, gallinas, pavos de papada... El guajolote, o pavo común, denominado por los estudiosos como *Meleagris gallopavo*, parece tener su origen en la forma salvaje *Meleagris mexicana*, lo que nos prueba el claro nacer americano de esta ave gallinácea. Al menos ésta es la teoría más probable y que contradice a la que supone en Asia la cuna de esta especie animal.

El nombre «guajolote» procede del nahuatl *uexelot* y, al sentir de célebres historiadores antiguos, como Fernández de Oviedo o López de Gomara, fue ave que causó gran impresión entre los conquistadores. Así se expresa López de Gomarca en 1552;

«La mejor ave para la carne que hay en la Nueva España son los gallipavos; quíselos llamar así porque tienen mucho de pavón y mucho de gallo».

Afianzado en España desde el siglo XVI, el pavo es ave doméstica muy estimada por su carne y plato indispensable en los menús navideños. Dentro de la culinaria mexicana, el guajolote ocupa lugar de honor en mesas y fogones. Desde el punto de vista nutricio, la carne de guajolote es muy rica en proteínas (20%) y en grasas (20%), contiene, además, calcio, hierro, vitamina B₁, riboflavina y niacina.

Huachinango

La alimentación precolombina, esencialmente vegetariana, hubo de buscar su complemento proteínico de origen animal en afanes de caza y pesca; labor que se vio favorecida con la posterior domesticación de ciertos animales. Se ha calculado que la presencia animal en la dieta del azteca hablando siempre en términos generales se distribuía así: 46% de animales terrestres, 30% de pescado y 24% de moluscos. Evidentemente, estos datos sufren variaciones muy grandes según el nomadismo de las tribus o el asentamiento de los núcleos de población.

Tal es el caso, por ejemplo, de los viejos habitantes de Tenochtitlan, que hubieron de usar ingenio y experiencia para complementar su alimentación con un mínimo de aminoácidos indispensables. El ucuiliztac, platillo elaborado con los gusanos blancos del maguey (y en la actualidad muy solicitado), fue una de las soluciones al problema. Y con él, el cuculi, el ahuautli, los bollos o tamales de axayacatl, etc. En poblaciones lacustres y costeras, la abundancia de pescado era y es muy notable; tanto que México cuenta con más de 200 especies de pescados comestibles entre las que el huachinango ocupa un lugar preferencial.

El huachinango (o guachinango), también llamado pargo, es un pez acantopterigio, de la familia de los espárridos, muy frecuente en las costas europeas y americanas del Atlántico. De él se citan varias especies, como la americana *Pagrus argirops*, cuya carne es altamente apreciada por sus excelentes cualidades de sabor y nutricias. Con un contenido aproximado al 7% en proteínas y un 12,5% en grasas, puede estimarse como un alimento notablemente energético (unas 180 kcal = 752 kj por cada 100 g).

Jitomate (Tomate)

Cuenta la Historia que cuando los españoles llegaron al Nuevo Mundo sorprendieron sus paladares con frutos auténticamente autóctonos, sugestivos y sugerentes, que rápidamente incorporaron a la vieja despensa española y europea. Tal es el caso del jitomate, o tomate, cuyo nombre deriva del *nahuatl*, *tomatl*, y cuya denominación botánica corresponde al *Solanum lycopersicum*. Siendo el tomate un fruto realmente nutricio y base, desde tiempo inmemoral, en toda la culinaria mexicana, no deja de ser curioso el hecho de que en Europa se considerara a esta planta como tóxica, reduciendo su uso al meramente ornamental. España, primero, y después Italia, Alemania y Francia fueron los países pioneros en el consumo de este fruto cuya presencia, a partir de finales del siglo XIX, es indispensable en mesas y fogones.

Estudiado el jitomate desde un punto de vista nutritivo, destaca en él la existencia de vitaminas A, B y C cuya acción en el organismo humano es altamente beneficiosa. Sin embargo, hemos de advertir la presencia en los frutos verdes de un glucoalcaloide, la solanina, de efectos relativamente tóxicos. De ahí que nos permitamos aconsejar el consumo de los frutos maduros, de llamativo color rojo, y restringir en lo posible los inmaduros, de color enteramente verde.

Maíz

«La mujer que sabe bien guisar, escribió Fray Bernardino de Sahagún, tiene por oficio entender las cosas siguientes: hacer bien de comer, hacer tortillas, amasar bien,…, y ha de saber hacer las tortillas redondas y bien hechas, o por el contrario, hácelas prolongadas y hácelas delgadas, o hácelas con pliegues, o hácelas arrolladas con ají».

Entre las variedades de tortillas que cita el fraile historiador destacan las blancas y calientes, que se servían en un cesto envueltas en paño; las gordas, blancas y delgadas, que llama *veitlazcalli*; las blancas y grandes de grano áspero, llamadas *quautlacalli*; las pardilas, o *tlaxcalpacholi*; las hojaldradas «de muy delicado comer», o *tlacepoalli ilaxcalli*…

La importancia del maíz, *Zea mays*, en la nutrición americana es del tal magnitud que Faustino Miranda, en *La vegetación de Chiapas*, llega a asegurar que «uno de los alimentos básicos de los indios americanos, desde los Grandes Lagos de Norteamérica a Chile y Argentina, era el maíz». Tortillas y tamales, éstos a modo de empanada, fueron y son platillos de vieja historia mexicana. Desde el punto de vista químico, el grano de maíz contiene casi un 70% de almidón y, azúcares, un 8% de materias grasas y alrededor de un 10% de materias nitrogenadas. Contiene niacina (factor PP, antipelagra) en forma no directamente

asimilable por el organismo humano; problema que resolvió empíricamente la culinaria mexicana macerando los granos de maíz en agua de cal. Del aceite de maíz, tan recomendado en la moderna dietética, se extrae una fracción insaponificable, estudiada recientemente por Rivas Recio y Serra-Baldrich, de importantes propiedades cosméticas por su contenido en tocoferoles y fitosteroles que actúan como mecanismos de defensa ante los radicales libres.

Papas (Patatas)

Basándonos en el testimonio de Pedro Cieza de León (*Crónica del Perú*, Sevilla 1553) y en los datos aportados por Ruiz y Pavón en su *Flora Peruana*, hemos de concluir el claro origen sudamericano de la papa o patata, *Solanum tuberosum*, cuya importancia alimenticia es de tal magnitud que el profesor Lohr von Wachendorf la califica en estos términos: «Con las patatas, Europa ha recibido de América el más preciado de los dones alimenticios».

La papa entra en España a mediados del siglo XVI y desde aquí se extiende a toda Europa y, con la conquista, a los países centroamericanos y norteamericanos. Actualmente su uso se ha generalizado en todo el mundo.

La papa o patata no es un fruto propiamente dicho sino un tallo

subterráneo, o tubérculo, en el que predomina la existencia de fécula; de ahí que sea un alimento muy energético, rico en hidratos de carbono. También posee vitaminas A y C. Los frutos reales de la papa son unas bayas verdes o verdiamarillas que se encuentran en las partes aéreas de la planta. Contienen el glucoalcaloide solanina, de efectos tóxicos.

Ángel Muro, el gran gastrónomo español del siglo XIX, da cuenta en sus *Conferencias Culinarias*, año 1890, de una singular receta de *tortilla de patata* redactada en 1853 por el mismísimo Benito Juárez: «Muchas patatas fritas, pocos huevos, se mezcla todo y sin moverlo se cuaja friéndolo en mucho aceite en una sartén, por ambos lados. Debe estar la tortilla amazacotada».

Cuitlacoche (Tizón o carbón del maíz)

Uno de los matices originales que caracterizan a la culinaria precolombina es el uso de ciertos vegetales estimulantes, alucinógenos en muchos casos, con que adornaban y complementaban sus guisos. Entre ellos, los hongos ocupan un lugar preeminente. Tal es el caso, por ejemplo, del teonanacatl (o carne de dios) o del teyhuintli, de efectos hilarantes, «de color amarillo subido, picante y de frescura no desagradable» según referencia de Francisco Hernández, estudioso de la botánica azteca en tiempos de Felipe II.

El tizón o carbón del maíz, *Ustilago Zeae* o *Ustilago Maydis*, es un hongo englobado en el último grupo de los basidiomicetos, no alucinógeno, que, cuando es fresco, es base de una auténtica golosina culinaria, el cuitlacoche, compañera y salsamento de carnes y pescados.

Según nuestros datos, esta planta ustilanginácea fue estudiada por primera vez en América en 1754. En Europa, a partir de 1815, se detectaron sus propiedades medicinales entre las que destacan, como más significativas, sus virtudes hemostáticas y su posibilidad de provocar contracciones uterinas, facilitadoras del parto.

De la masa esporífera de este hongo se han aislado dos alcaloides, ustilagenina y ustilagotoxina, directamente vinculados a la ergotinina y ergotoxina del cornezuelo del centeno estudiados por Barger, Smith y Timmis, y Jacobs y Craig. El tizón del maíz contiene, a demás, lactoflavina, vitamina B_2 y vitamina D_2.

Dadas las especiales características de México, por lo que se refiere a alturas y temperaturas, no se han especificado los tiempos de preparación de los platillos.

Sopa de flor de calabaza

Ingredientes para 4 personas:
400 gramos de flor de calabaza
2 elotes tiernos
4 calabacitas
1 jitomate
1 cebolla
1 chile serrano
1 litro de agua o caldo
Pimienta
Sal

Fácil

Por persona: 565 kj/135 kcal
5 gramos de proteínas · 3 gramos de grasas · 22 gramos de hidratos de carbono

1. Se desgranan los elotes y se cuecen; se muele el jitomate y se pica la cebolla.
2. Se limpian muy bien las flores de calabaza, se lavan y se pican las calabacitas. Junto con el elote desgranado y cocido se acitronan en muy poca grasa, agregándoles luego el jitomate y la cebolla.
3. Se sazona con sal y pimienta y se adiciona caldo o agua suficiente.
4. Cuando ya el elote está suave, se añaden las flores de calabaza picadas y el chile y se deja hervir durante 10 minutos.

Sugerencia

Si una sopa quedara demasiado clara, añádesele un poco de pan rallado; si resultara espesa, se adiciona mantequilla.

Sopa de lentejas

Ingredientes para 6 personas:
200 gramos de lentejas
100 gramos de queso rallado
50 gramos de mantequilla
1 1/2 litro de agua
1/2 litro de leche
4 yemas de huevo
2 cebollas
Pimienta
Sal

Económica

Por persona: 3675 kj/880 kcal
17,8 gramos de proteínas · 13,9 gramos de grasas · 10,5 gramos de hidratos de carbono

1. Cuecen las lentejas en litro y medio de agua, hasta que estén muy suaves; reservando el caldo, se cuelan y se muelen.
2. Se funde la mantequilla con la cebolla, finamente picada; se le agregan las lentejas, pasadas por un prensador; se deja freír, se les añade la leche y el caldo en que cocieron.
3. Se sazona con sal y pimienta

y se deja hervir hasta que tome el punto de una crema floja.
4. En la sopera se disponen las yemas con el queso, sobre lo que se vierte la sopa muy caliente. Se puede servir con trocitos de pan frito.

Sugerencia

Las lentejas se suavizan mucho si se les agrega, a la hora de servir, un pedacito de mantequilla. Muévanse para ligarlas con la mantequilla.

Sopa de chícharos

Sopa de guisantes

Ingredientes para 4 personas:
400 gramos de chícharos frescos
1 cebolla
100 gramos de mantequilla
50 gramos de harina
1 litro de agua
1/2 litro de crema
Bicarbonato
Pimienta
Sal

Elaborada

Por persona: 1915 kj/458 kcal
6,7 gramos de proteínas · 40 gramos de grasas · 17,8 gramos de hidratos de carbono

1. En una cazuela se ponen a hervir, sin tapar, los chícharos con una pizca de bicarbonato.
2. Una vez cocidos, se pasan por la coladera, se recoge la pulpa, se mezcla con el agua en que cocieron y se sazona con sal y pimienta.
3. En la mantequilla fundida se fríe la cebolla, previamente picada. Ya que esté dorada, se le agrega la harina, cuidando de moverla, y se va incorporando poco a poco el caldo. Si quedara espesa, se le pueda añadir un poco de agua.
4. A la hora de servir, se retira de la lumbre y se le incorpora la crema. En el caso de que formase grumos, se cuela.

Sopa de elote

Ingredientes para 6 personas:
5 elotes tiernos, 1 cebolla
1 1/2 litro de agua
1/8 litro de crema de leche
1 cucharada de mantequilla
Nuez moscada
Pimienta
Sal

Refinada

Por persona: 451 kj/108 kcal
4 gramos de proteínas · 4 gramos de grasas · 14 gramos de hidratos de carbono

1. Se rebana el elote y se pica la cebolla menudita.

2. Se fríe en la mantequilla el elote desgranado; se le añade la cebolla.
3. Cuando está dorado, se le agrega el caldo; se deja cocer lentamente hasta que adquiere suavidad; se sazona con sal, pimienta y nuez moscada. A la hora de servir se pone la crema.

Sopa de jitomate

Sopa de tomate

Ingredientes para 4 personas:
450 gramos de jitomate
1 poro, 1 papa
1 litro de caldo
3 cucharadas de leche evaporada
Pimienta
Sal

Vegetariana

Por persona: 295 kj/70,5 kcal
3,5 gramos de proteínas · 2,5 gramos de grasa · 8,5 gramos de hidratos de carbono

1. Se pelan y se cortan los jitomates a cuartos, se lava y se trocea el poro y se pela y corta en cuadritos la papa.
2. Al fuego, en un recipiente, se disponen las verduras, se vierte el caldo, se sazona con sal y pimienta. A fuego suave, se deja hervir el tiempo suficiente

para que tomen una textura tierna.
3. Pase la sopa por una licuadora y fíltrela por una malla fina. Agregue la crema.

Sugerencia

De escasas calorías (22 por cada 100 gramos), el jitomate tiene un aporte vitamínico muy completo, desde la A hasta la E. Carece de vitamina D. Para neutralizar la acidez del jitomate, se puede añadir un poquito de azúcar durante la cocción.

Sopa de jitomate y coliflor

Sopa de tomate y coliflor

Ingredientes para 4 personas:
750 gramos de jitomate
250 gramos de coliflor
125 gramos de papas
1 cebolla chica
1 litro de agua
1 pizca de azúcar
Aceite
Sal

Económica

Por persona: 514 kj/123 kcal
8,5 gramos de proteínas · 3 gramos de grasas · 15,5 gramos de hidratos de carbono

Sopa Costeña, pág. 16

1. En una cacerola con agua fría se colocan las papas peladas y troceadas, la cebolla picada, los jitomates sin piel, aceite, azúcar y sal. Se pone todo a cocer a fuego lento; cuando las papas hayan cocido bien, se deja enfriar y se pasa por la batidora.

2. Aparte, se prepara la coliflor, quitándole las hojas exteriores y los tallos, lavándola y cortándola en trozos. Se cuece en agua hirviendo con sal y se escurre.

3. Se vierte el líquido en una sopera y se agregan los trozos de coliflor. Se puede adornar con hierbas frescas, rodajitas de pepino, limón o apio.

Sopa costeña

Ingredientes para 8 personas:
300 gramos de róbalo
400 gramos de camarones
500 gramos de almejas
350 gramos de jitomate
1 cebolla, 4 zanahorias
3 pimientas gordas
1 manojito de hierbas de olor
3 dientes de ajo, 1 limón
Sal, 4 cucharadas de aceite

Para invitados

Por persona: 663 kj/158 kcal 24 gramos de proteínas · 5,5 gramos de grasas · 3,5 gramos de hidratos de carbono

1. En una cacerola con agua hirviendo se introducen los camarones y las almejas muy bien lavados; se agrega la mitad de la cebolla, las pimientas, dos cucharadas de aceite, los ajos y la sal necesaria.

2. Se sacan las almejas y los camarones, se pelan éstos y se cuela el caldo restante.

3. El jitomate, la mitad de la cebolla y un diente de ajo se muelen y se cuelan; se fríen luego en dos cucharadas de aceite.

4. Cuando sazona, se añade el caldo de los mariscos, las zanahorias, peladas en crudo y cortadas en rajitas, y el trozo de pescado limpio.

5. Ya que el pescado está cocido, se saca y se corta en pequeños cuadritos, volviéndolo a introducir en el caldillo junto con las almejas y los camarones pelados. La sopa se sirve muy caliente.

Crema de alcachofas

Ingredientes para 6 personas:
12 alcachofas, 1 cebolla
100 gramos de mantequilla
50 gramos de harina
Sal, 1 1/4 litro de leche
Pimienta, 1/4 litro de crema
Agua, 2 yemas

Refinada

Por persona: 1408 kj/337 kcal 13,5 gramos de proteínas · 23,5 gramos de grasa · 27 gramos de hidratos de carbono

1. Se cuecen las alcachofas en agua salada hirviendo, se escurren y se deshojan,

2. Las hojas se muelen en el metate y se parten los corazones en cuadritos.

3. Se pone a fundir la mantequilla, se añade la cebolla picada y, cuando está acitronada, se le suma la harina.

4. Ya que ha tomado un color dorado, se le vierte la leche, moviéndolo constantemente y, al hervir, se le ponen las alcachofas molidas.

5. Una vez que espesó, se cuela y se le mezcla la crema con las yemas disueltas y, a la hora de servir, los cuadritos de los corazones de las alcachofas; se sazona con sal y pimienta.

Sugerencia

Para evitar que las alcachofas se endurezcan, después de limpias deben frotarse con limón.

Crema de chícharos

Crema de guisantes

Ingredientes para 6 personas:
400 gramos de chícharos
100 gramos de mantequilla
50 gramos de harina
1 cebolla, 1 litro de agua
1/2 litro de crema
Pimienta, sal

Económica

Por persona: 1885 kj/451 kcal
7 gramos de proteínas · 39 gramos
de grasas ·18 gramos de hidratos
de carbono

1. En una cacerola con agua
fría se ponen a cocer los
chícharos, con una pizca de
bicarbonato.
2. Una vez cocidos, se pasan
por la coladera, se recoge la
pulpa y se mezcla con el agua
en que cocieron.
3. Aparte se funde la
mantequilla y se agrega la
cebolla picada; ya que está
doradita, se le suma la harina y,
paulatinamente, se le va
incorporando el puré de
chícharos.
4. Se hierve suavemente; si
resultara espesa, se le puede
añadir un poquito de agua.
5. Ya para servirse, se incorpora
la crema y se cuela. También se
le pueden añadir unas yemas
batidas.

Crema de elote

Crema de maíz tierno

Ingredientes para 4 personas:
3 elotes
2 chiles poblanos
50 gramos de mantequilla
1/2 litro de leche
1/4 litro de crema
1 diente de ajo
1 cebolla chica
Sal

Refinada

Por persona: 1703 kj/407,5 kcal
9,5 gramos de proteínas · 35
gramos de grasas · 3,5 gramos de
hidratos de carbono

1. Se rebanan los elotes y se
muelen con el ajo y la cebolla;
se asan y se desvenan los chiles.
2. En una cacerola se derrite la
mantequilla; se agregan los
elotes; se remueve de continuo
para evitar la formación de
grumos.
3. A media cocción se añaden
los chiles y la leche, sin dejar de
revolver. Ya para servirse, se
incorpora la crema.

Crema de espárragos

Ingredientes para 4 personas:
150 gramos de puntas de
espárragos
1 litro de leche
50 gramos de mantequilla
1 cucharada de harina
Pimienta
Sal

Para invitados

Por persona: 1120 kj/268 kcal
9,5 gramos de proteínas · 18
gramos de grasas · 17 gramos de
hidratos de carbono.

1. Se funde la mantequilla en
un traste hondo y se agrega la
harina, dejando que se dore.
2. Se añade la leche, caliente,
dejando que hierva, y se
sazona con sal y pimienta.
3. Al espesar la crema, se
vacía en la sopera, en la que se
habrán dispuesto los
espárragos, cocidos y partidos.
Si fuera del gusto, también se
pueden colocar cuadritos de
pan dorados en aceite.

Sugerencia

Los espárragos han de ser muy
frescos. No han de cocer
demasiado ni tampoco con
anticipación.

Bolitas de queso

Ingredientes:
150 gramos de queso parmesano
3 claras de huevo
Pan rallado, nuez moscada
Sal, aceite

Fácil

1. Con una pizca de sal, se baten las claras a punto de nieve; gradualmente se les incorpora el queso rallado y una pizca de nuez moscada hasta lograr una masa consistente.
2. Se espolvorea la mesa con pan rallado y se distribuye, a cucharadas, la mezcla de queso; con las manos se elaboran croquetas del tamaño de una nuez.
3. Se fríen en aceite bien caliente y, en cuanto empiecen a dorar, se escurren. Se sirven calientes.

Salchichas imperiales

Ingredientes:
12 salchichas
150 gramos de queso amarillo
24 lonchas delgadas de tocino
2 manojitos de perejil chino

Fácil

1. Se les hace una incisión a lo largo a las salchichas, se les introduce una tirita de queso, se les enrolla en dos rebanadas de tocino, sujetándolas con palillos y se introducen en el horno a calor regular.
2. Transcurridos 15 minutos, se colocan en un plato y se adornan con las ramitas de perejil. Se sirven calientes.

Buñuelos de bacalao

Ingredientes:
250 gramos de bacalao
1 huevo
1 taza y 1/2 de leche
1 taza y 1/2 de harina
1 cucharadita de royal
Aceite
Sal

Para invitados

1. Desde la víspera se deja a remojo el bacalao.
2.. Límpielo de piel y espinas y córtelo en cuadritos.
3. Bata el huevo con la leche y mézclelo con la harina, el royal y una pizca de sal.
4. Saque cucharadas de esta masa y, en cada una, introduzca un pedacito de pescado; fríalos en aceite bien caliente, hasta que doren

Croquetas de guachinango

Ingredientes:
1/2 kilo de guachinango
2 huevos
1 limón
125 gramos de harina
125 gramos de mantequilla
125 gramos de pan rallado
1 taza de leche
1 cebollita
2 dientes de ajo
1 cucharadita de perejil
Aceite
Pimienta
Sal

Refinada

1. Una vez lavado el pescado, se pone a hervir en agua, con cebolla, jugo de limón (la mitad), ajo y perejil; ya cocido, se retira d el fuego.
2. En una cacerola se pone a derretir la mantequilla; se le agrega la harina y, cuando está dorada, se le vierte poco a poco el caldo en que se coció el pescado, junto con la leche; se mueve para que no se formen grumos, hasta que, se haga la pasta. Se le añade la otra mitad del jugo del limón, sal y pimienta.
3. Se aparta del fuego y se desmenuza el guachinango, sumándole a esta pasta.
4. Se deja enfriar en un lugar fresco; se revuelven los huevos en un plato y ya que está fría la

pasta, con un tenedor se van haciendo rollitos, se capean en el huevo, se revuelven en el pan y se fríen en aceite.

Sugerencia

Las croquetas se moldearán de forma regular y no se escatimará ni el huevo ni el pan para el rebozo, pues han de quedar muy envueltas para que no se revienten al freírlas.

Croquetas de sierra

Ingredientes:
1/2 kilo de sierra
2 huevos
3 cucharadas de mantequilla
1 taza de leche
1 cebolla
125 gramos de harina
100 gramos de pan molido
1 clavo de olor
Aceite
Pimienta
Sal

Refinada

1. Se cuece el pescado con una pizca de sal y se desmenuza.
2. En una cacerola se funde la mantequilla y se adiciona la cebolla bien picada, hasta que quede transparente.
3. Mezclando muy bien, se agregan cuatro cucharadas de

harina, añádase la taza de leche, moviendo para que no se formen grumos, y el clavo. Hierve suavemente, sin dejar de revolver, hasta que forme una masa espesa y tersa. Se sazona con sal y pimienta.
4. Se incorpora la salsa al recipiente del pescado y extienda la mezcla en un platón.
5. Bien fría la mezcla, se hacen las croquetas, se pasan por harina, huevo batido y pan molido y se fríen en aceite.

Sugerencia

A la hora de elaborar las croquetas, la masa ha de estar fría para poder moldearlas con facilidad. Caliente, carece de consistencia y se pega a los dedos.

Empanaditas de bacalao

Ingredientes:
100 gramos de bacalao
1 kilo de harina
1/2 cebolla
3 jitomates
2 dientes de ajo
3 cucharaditas de polvo de hornear
4 cucharaditas de manteca
6 aceitunas
Aceite
Sal

Elaborada

1. Desde la víspera, se pone a remojo el bacalao; limpio de piel y espinas, se desmenuza.
2. Se fríe la cebolla, el ajo y los jitomates, sin piel, todo muy bien picado; se agrega el pescado, con las aceitunas, también picadas, se rectifica de sal y se deja sazonar 10 minutos a fuego manso.
3. Se cierne la harina con los polvos de hornear; se añade, poco a poco, un litro de agua caliente, manteca, también caliente, y sal ; se amasa muy bien y se deja reposar un rato.
4. Se extiende la masa y se corta en círculos; se coloca el relleno en el centro, se cierra y se oprimen los bordes con un tenedor. Se fríen en aceite bien caliente.

Huevos campestres

Ingredientes para 3 personas:
6 huevos
100 gramos de queso fresco
50 gramos de mantequilla
1 cebolla
4 calabacitas
200 gramos de jitomate
4 chiles poblanos
2 dientes de ajo
Pimienta
Aceite
Sal

Fácil

Por persona: 1700 kj/407 kcal
20 gramos de proteínas · 31 gramos de grasas · 12 gramos de hidratos de carbono

1. Puesta al fuego una cacerola con mantequilla, se coloca el jitomate, partido en cuatro trozos, la cebolla y un diente de ajo; se mueve constantemente hasta que se hace puré. Se pasa luego por un cedazo.
2. Se asan, se desvenan y se hacen rajitas los chiles que, en un poquito de aceite y con un diente de ajo, se fríen.
3. Se agrega el jitomate y las calabacitas, previamente cocidas y cortadas en ruedas.
4. Se coloca todo en un platón refractario y se estrellan encima los huevos; sobre cada uno se coloca pimienta, sal y un trocito de mantequilla; se desmorona

encima el queso y se introduce en el horno, a que cuajen los huevos.

Sugerencia

Antes de utilizar los huevos conservados en frigorífico, conviene dejarlos algún tiempo a la temperatura de la cocina. De esta manera aumentarán si se les bate y se evitará que se agrieten si se han de utilizar duros.

Huevos con rajas

Ingredientes para 6 personas:
6 huevos
4 chiles poblanos
1 litro de leche
100 gramos de queso fresco
3 cebollas
40 gramos de manteca
Sal

Elaborada

Por persona: 1112 kj/266 kcal
15,5 gramos de proteínas · 18,2 gramos de grasas · 10 gramos de hidratos de carbono

1. Se tuestan los chiles, se pelan, se desvenan, se lavan y se cortan en rajitas.
2. La cebolla se corta en gajos delgados y se fríen en manteca caliente, dejándola acitronar.

Seguidamente se colocan las rajas, se dejan freír un momento, se sazonan con sal y se agrega la leche.
3. Al empezar a hervir la leche, se van poniendo los huevos, uno a uno, cuidando de que no se partan ni se peguen. Se mueven con suavidad. Han de quedar como si estuvieran estrellados. Al retirar la cacerola del fuego, se le ponen las rebanadas de queso.

Huevos conventuales

Ingredientes para 4 personas:
8 huevos
500 gramos de jitomate
8 tortillas chicas
2 chiles cuaresmeños
Manteca
Sal

Económica

Por persona: 2136 kj/511 kcal
19,5 gramos de proteínas · 25 gramos de grasas · 52 gramos de hidratos de carbono

1. En una cacerola con manteca caliente se fríen los huevos, uno a uno, procurando que no se rompa la yema, se sazonan con sal y se dejan hasta que la clara cuaje ligeramente y la yema empiece a cocerse.

2. Los chiles se pican finamente, se les añade los jitomates hechos puré y se fríen en un poquito de manteca, dejándolos hervir suavemente.

3. Las tortillas se doran también sobre manteca.

4. En un platón se disponen las tortillas, se colocan sobre ellos los huevos y se cubren con la salsa de jitomate.

Sugerencia

Para freír los huevos se precisa una sartén pequeña con abundante grasa, cuyo buen punto es cuando hace humo.

Huevos encapotados

Ingredientes para 4 personas:
8 huevos
6 cucharadas de harina
1 cucharada de mantequilla
3/4 litro de leche
Pan rallado
Pimienta
Nuez moscada
Aceite
Sal

Elaborada

Por persona: 1883 kj/450,5 kcal 22,5 gramos de proteínas · 22,5 gramos de grasas · 39,5 gramos de hidratos de carbono

1. En una sartén con aceite bien caliente se fríen seis huevos. Cuando la yema empieza a cocerse, se retiran y se reservan.

2. En una cacerola se derrite la mantequilla, se le añade de golpe la harina, se bate y se le va incorporando poco a poco la leche caliente hasta formar una bechamel espesa. Se sazona con sal, pimienta y nuez moscada y, cuando esté cocida, se retira.

3. Uno a uno los huevos se introducen en la pasta, procurando que se bañen bien, y se van colocando en un platón untado de aceite.

4. Cuando estén fríos, se desprenden del platón, se rebozan en huevo batido y pan rallado y se fríen en abundante aceite.

Huevos postineros

Ingredientes para 3 personas:
6 huevos
300 gramos de jitomate
50 gramos de pan de molde
50 gramos de mantequilla
30 gramos de manteca
1/2 taza de crema
1 cebolla
2 chiles poblanos
Pimienta
Sal

Fácil

Por persona: 2090 kj/500 kcal 16 gramos de proteínas · 43 gramos de grasas · 13 gramos de hidratos de carbono

1. Se fríe la cebolla en la manteca y se agregan los chiles, desvenados y cortados en rajas, el jitomate, asado, molido y colado, la pimienta y la sal. Se deja cocer hasta que espese un poco.

2. En un platón refractario se coloca una capa de rebanadas de los huevos cocidos, otra de salsa y crema, con trocitos de mantequilla y, al final, el pan molido.

3. Se introduce en el horno y se espera a que dore.

Sugerencia

Cuando se vayan a cocer los huevos, se tendrá una cacerola con agua hirviendo; en ella se zambullirán todos los huevos a la vez y, cuando rompe de nuevo el hervor, cuecen por espacio de 10 minutos. Ya cocidos, se sacan de la cacerola y se sumergen en agua fría, despojándolos de inmediato de la cáscara.

Huevos potosinos

Ingredientes para 6 personas:
6 huevos, 6 tortillas
200 gramos de jitomate
200 gramos de frijoles
1 cebolla
2 chiles poblanos
75 gramos de manteca
50 gramos de queso rallado
Sal

Fácil

Por persona: 1600 kj/382 kcal
17 gramos de proteínas · 19,5
gramos de grasas · 34,6 gramos de
hidratos de carbono

1. Ya cocidos los frijoles, se
machacan con ocho
cucharadas del caldo en que se
cocieron y se fríen en una
cucharada de manteca hasta
que formen una pasta.
2. Las tortillas se fríen en la
manteca, se les pone una capa
de frijoles refritos y un huevo
estrellado en manteca a cada
tortilla; se cubren con la salsa,
se espolvorean con el queso
rallado y se sirven calientes.
3. Para elaborar la salsa, se
fríen en una cucharada de
manteca la cebolla rebanada y
los chiles asados, desvenados y
cortados en tiritas; se añade el
jitomate molido y colado y se
deja hervir hasta que espese,
que se coloca sobre los huevos.

Tortilla de ostras

Ingredientes para 6 personas:
10 huevos
3 docenas de ostras
350 gramos de harina
Leche
Manteca
Limón
Sal

Para invitados

Por persona: 1650 kj/395 kcal
20 gramos de proteínas · 15
gramos de grasas · 45 gramos de
hidratos de carbono

1. Se sacan las ostras de las
conchas, se trocean y se
colocan en un plato con limón y
una pizca de sal.
2. Se baten los huevos y se les
incorpora la harina lentamente
de manera que no se formen
grumos. Se agrega la leche
hasta que lograr una pasta de la
consistencia de un atole.
3. Se introducen las ostras y en
sartén caliente con la manteca
derretida se forman las tortillas
al modo de quesadillas.

Budín de elote

Ingredientes para 5 personas:
10 elotes muy tiernos
50 gramos de mantequilla
1/2 cebolla
2 cucharadas de harina
2 yemas de huevo
2 cucharadas de pan rallado
1/4 litro de leche
Pimienta
Sal

Refinada

Por persona: 1340 kj/321 kcal
7 gramos de proteínas · 13 gramos
de grasas · 44 gramos de hidratos
de carbono

1. Se desgranan los elotes, se
cuecen y se dejan escurrir muy
bien.
2. Aparte se elabora una salsa
de la forma que sigue: se fríe en
mantequilla un poquito de
cebolla y las dos cucharadas de
harina, y, a que esté
ligeramente dorada la harina,
se vierte, poco a poco, la leche
y se agita bien; ya fuera del
fuego, se agregan las yemas de
huevo y se sigue agitando hasta
que se incorpore bien.
Salpimiéntese.
3. En un molde de horno se
disponen los granos de elote y
la salsa, se cubre con pan
rallado y se introduce en el
horno, donde permanece por
espacio de 10 minutos.

Calabacitas michoacanas

Ingredientes para 5 personas:
10 calabacitas
4 chiles poblanos
1/2 cebolla
1/4 litro de crema
1 diente de ajo
Aceite
Sal

Vegetariana

Por persona: 777,5 kj/186 kcal
6 gramos de proteínas · 10 gramos de grasas ·18 gramos de hidratos de carbono

1. Las calabacitas se lavan y se rebanan; los chiles se desvenan, se lavan y se muelen en crudo con el ajo; se pica finamente la cebolla.
2. En una cacerola al fuego con el aceite caliente se disponen las calabacitas con la cebolla.
3. Cuando están acitronadas las calabacitas, se les agrega el chile molido, se sazona y se tapa la cacerola. Cuece a fuego lento, meneando de vez en cuando.
4. Concluida la cocción, se les añade la crema y se deja que de un hervor. Se sirve muy caliente.

Coliflor poblana

Ingredientes para 4 personas:
1 kilo de coliflor
3 dientes de ajo
3 cucharadas de pan rallado
1 ramito de perejil
Aceite
Sal

Vegetariana

Por persona: 483 kj/115 kcal
8,5 gramos de proteínas · 3,5 gramos de grasas · 12,5 gramos de hidratos de carbono

1. Una vez limpia la coliflor, se cuece entera en agua salada hirviendo; se le deja escurrir y se van separando los ramitos, que se colocan en un platón refractario.
2. En un molcajete se machacan los ajos con la sal y el perejil, hasta que formen una pasta. Se incorpora el pan rallado y se mezcla muy bien.
3. Con el preparado anterior se cubre la coliflor, se rocía con aceite y se hornea hasta que superficie muestre un bello color dorado. Se sirve de inmediato.

Sugerencia

Características de una buena coliflor: muy blanca de color, de grano muy apretado, dura el tacto y de tallo corto.

Chayotes rellenos

Ingredientes para 4 personas:
4 chayotes
75 gramos de jamón
75 gramos de pan molido
50 gramos de queso añejo
1 cebolla chica
Pimienta
Sal

Fácil

Por persona: 910 kj/217 kcal
19 gramos de proteínas · 7 gramos de grasas · 19,5 gramos de hidratos de carbono

1. En una cacerola con agua y sal se cuecen los chayotes. Se parten, luego, a la mitad, se ahuecan y se disponen en un platón refractorio.
2. En la mitad de la mantequilla se acitrona la cebolla, finamente picada, y se agrega jamón, lo que se les quitó a los chayotes, sal y pimienta.
3. Con el anterior preparado se rellenan los chayotes, vertiéndoles por encima trocitos de mantequilla y el pan molido. Se introducen en el horno, donde permanecen hasta que doren.

Chícharos a la crema

Guisantes a la crema

Ingredientes para 4 personas:
800 gramos de chícharos
50 gramos de mantequilla
30 gramos de harina
1 taza de leche
1 taza de caldo
Perejil
Pimienta
Sal

Elaborada

Por persona: 1230 kj/294 kcal
13 gramos de proteínas · 12 gramos de grasas · 33,5 gramos de hidratos de carbono

1. Se dispondrá una cacerola sobre el fuego con agua y sal. Cuando rompa a hervir a borbotones, se incorporan los chícharos, cociéndolos destapados. Ya cocidos se escurren bien y se reservan al calor.
2. En un traste se funde la mantequilla y se dora ligeramente la harina; se incorpora la leche y el caldo y se deja cocer, sin dejar de remover, hasta que la salsa espese ligeramente
3. Se agrega perejil, sal y pimienta y se mezcla con los chícharos.

Sugerencia

Los chícharos han de ser muy frescos, lo que se conoce por el brillo de la cáscara y por la humedad que muestra al partirla. Se desgranan momentos antes de su utilización.

Chiles nevados

Ingredientes para 6 personas:
12 chiles poblanos
4 elotes tiernos
50 gramos de mantequilla
1/2 queso fresco
1/4 litro de crema
1/4 litro de leche
Sal

Refinada

Por persona: 1026 kj/245,5 kcal
13 gramos de proteínas · 13,5 gramos de grasas · 18 gramos de hidratos de carbono

1. Se asan, se pelan y se desvenan los chiles.
2. Para el relleno, se rebanan los elotes y se fríen en una sartén con mantequilla fundida; se sazonan con sal. Ya fritos, se sacan de la lumbre y se dejan enfriar, revolviéndoles el queso desbaratado
3. Con el anterior preparado se rellenan los chiles, se le das unas vueltas con hilo, para que

no se vacíen, y se acomodan paraditos en una cacerola con leche y sal.
4. Cuecen a fuego lento y se les voltea con mucho cuidado; se les vierte la crema y se les deja unos minutos más. Se sirven calientes.

Chiles en nogada

Ingredientes para 6 personas:
12 chiles poblanos
300 gramos de jitomate
4 docenas de nueces de Castilla
80 gramos de harina
100 gramos de queso fresco
50 gramos de pasas
250 gramos de lomo de cerdo
250 gramos de aguayón
2 huevos
50 gramos de acitrón
1 cebolla, 2 dientes de ajo
2 tazas de leche
Aceite
Azúcar
Sal

Para invitados

Por persona: 2750 kj/657 kcal
27,5 gramos de proteínas · 47,5 gramos de grasas ·30 gramos de hidratos de carbono.

1. Una vez asados los chiles, se envuelven en una servilleta hasta

Ensaladas de calabacitas, pág. 32

que se les desprenda con facilidad la piel; se desvenan, se les apartan las semillas y se ponen a desflamar, durante media hora, en agua salada, escurriéndolos luego muy bien.

2. En un traste con aceite se pone a freír el lomo y el aguayón, finamente picado. Bien fritos, se les añade la cebolla y el ajo, picados, hasta que estén acitronados, incorporando el jitomate asado, pelado y molido, 50 gramos de acitrón cortado en cuadritos, pasas, 50 gramos de almendras, peladas y picadas y media cucharadita de azúcar, sazonando con sal.

3. Con el anterior preparado se rellenan los chiles, que se pasan por harina y por huevo batido y se fríen.

4. Para elaborar la salsa, se muelen 4 docenas de nueces de Castilla frescas y limpias, 50 gramos de almendras, también limpias, y el queso fresco, adicionando la necesaria leche, con el fin de que forme una salsa espesa, con el azúcar que sea de su gusto.

5. Se acomodan los chiles en un platón y se cubren con la salsa.

Garbanzos coloniales

Ingredientes para 4 personas:
400 gramos de garbanzo
2 jitomates maduros
2 cebollas
3 huevos cocidos
1/2 cucharada de harina
1/2 vaso de vino blanco
1 diente de ajo
1 cucharada de pimentón
1 ramito de hierbas de olor
1 ramito de perejil
Aceite
Sal

Económica

Por persona: 1925 kj/460 kcal 24,5 gramos de proteínas · 12,5 gramos de grasas · 62,5 gramos de hidratos de carbono

1. Desde la víspera se ponen a remojar los garbanzos en agua con sal.

2. Se pica finamente la cebolla, los huevos cocidos, el perejil y las hierbas de olor; se pelan y trocean los jitomates.

3. En una cacerola con agua hirviendo y sal se acomodan los garbanzos y una cebolla entera, previamente pelada, y se dejan cocer a fuego lento hasta que estén tiernos.

4. Aparte, en una sartén con aceite se sofríe la cebolla y el ajo, finamente picados; se añade el pimentón y el vino y se

revuelve; se incorpora el primer preparado, es decir, la cebolla, los huevos, el jitomate y el perejil.

5. Se incorpora a los garbanzos el anterior sofrito y prosigue la cocción por unos 15 minutos más.

Elotes guisados

Ingredientes para 3 personas:
6 elotes tiernos
200 gramos de jitomate
2 chiles poblanos
Aceite
Sal

Fácil

Por persona: 790 kj/189 kcal 5,5 gramos de proteínas · 11 gramos de grasas · 17 gramos de hidratos de carbono

1. Después de asados, pelados y desvenados los chiles, se cuecen con el jitomate.

2. Una vez cocidos, se muelen con la cebolla y se fríen en una cacerola con aceite.

3. Se incorporan los elotes, rebanados en crudo, y se pone el agua y la sal. Cuece todo a fuego manso, hasta que espese la salsa.

Hongos tapatíos

Ingredientes para 6 personas:
1 kilo de hongos frescos
2 jitomates
3 dientes de ajo
1 cucharada de cebolla picada
1 cucharada de chile ancho seco
Aceite
Comino en polvo
Pimienta
Sal

Vegetariana

Por persona: 297 kj/71 kcal
3,5 gramos de proteínas · 4,5 gramos de grasas · 4 gramos de hidratos de carbono

1. Lavados los hongos, se fríen en aceite con los tres dientes de ajo.
2. Se muele el jitomate con la cebolla, el chile y las especias. Se fríen en un poquito de aceite.
3. Se agregan los hongos con el jugo que soltaron. Se retiran los ajos y se dejan hervir por unos veinte minutos más.

Jitomates gratinados

Tomates gratinados

Ingredientes para 4 personas:
4 jitomates
120 gramos de miga de pan
60 gramos de jamón
2 cucharadas de perejil picado
30 gramos de mantequilla
30 gramos de tocino, 1 huevo
Pimienta, sal

Elaborada

Por persona: 1200 kj/287 kcal
12,5 gramos de proteínas · 19 gramos de grasas · 16,5 gramos de hidratos de carbono

1. Se pica el jamón y se fríe en la mitad de la mantequilla por espacio de tres minutos. Se le agrega la miga de pan, pimienta, sal y perejil.
2. Se lavan y se cortan los jitomates a la mitad, se les saca la pulpa, que se une a la mezcla anterior, junto con los huevos previamente batidos.
3. Se rellenan los jitomates con las mezclas anteriores poniéndoles por encima el resto de la mantequilla.
4. Se introducen en el horno caliente, donde permanecen por espacio de 15 minutos.

Sugerencia

Cuando los jitomates se van a rellenar, como es el caso de este platillo, no se mondan, para que la piel los sostenga y no se desbaraten. Han de ser de un tamaño medio, rojos y de piel lisa.

Lentejas guisadas

Ingredientes para 6 personas:
500 gramos de lentejas
1 cucharada de harina
1 cucharada de pimentón
2 cucharadas de cebolla picada
1 rebanada de pan
Aceite
Perejil
Pimienta
Sal

Económica

Por persona: 1270 kj/305 kcal
18,5 gramos de proteínas · 3,5 gramos de grasas · 49,5 gramos de hidratos de carbono

1. Se ponen a cocer las lentejas en una cacerola con agua fría. Cuando rompe el hervor, se les añade agua y así cuantas veces fuera necesario.
2. En una sartén con aceite se fríe la rebanada de pan y un diente de ajo. Al dorar, se retiran de la sartén.

3. En la misma sartén se fríe la cebolla picada que, al dorar, se aparta del fuego, se incorpora la harina y el pimentón; se revuelve y se añade a las lentejas.

4. Se machaca el otro diente de ajo y el pan frito, al que se agrega un poquito del caldo de las lentejas, a formar una salsita.

5. Se añade la anterior fritada a las lentejas, así como el ramito de perejil. Déjese cocer a que forme una salsa espesa.

Adobo señorial

Ingredientes:
2 chiles mulatos, 2 chiles anchos
1 chile pasilla, 2 tazas de caldo
1 bolillo, 1 ramito de tomillo
1 cucharada de manteca
2 dientes de ajo
1 pizca de mejorana
1 cucharada de vinagre
Sal, 1 cucharada de azúcar

Refinada

1. Desprovistos los chiles de semillas y venas, se doran en una sartén con la manteca caliente. Es conveniente que no se pasen, porque amargan.
2. Se dora el pan en manteca, se muele con los chiles, junto con las hierbas de olor, agregándoles las dos tazas de caldo y se fríen en manteca requemada.
3. Al espesar, se le añade el vinagre y el azúcar, se rectifica de sal y se deja sazonar.

Salsa de alcaparras

Ingredientes:
3 cucharadas de alcaparras
70 gramos de mantequilla
1 cucharada de harina
1/4 litro de agua, sal
Pimienta blanca molida
Nuez moscada

Económica

1. Se coloca la mitad de la mantequilla en una cacerola, al fundirse, se incorpora de inmediato la harina; removiendo, cuece por unos minutos, sin que llegue a dorar.
2. Deslíese con el agua hirviendo, cuidando de revolverla para que no se apelote. Si resultara espesa, adelgázese agregando un poquito más de agua.
3. Se sazona con sal y pimienta, se le suma la nuez moscada. Procúrese un hervor.
4. Retírese del fuego y agréguese el resto de la mantequilla. Muévase para ligarla y añádanse las alcaparras. Sírvase enseguida, pues de lo contrario habrá de conservarse al baño maría.

Sugerencia

Una receta milenaria explicaba la salsa en estos términos: «Si queréis una salsa buena y sabrosa, tomad perejil, salvia, pimienta, sal, ajo y vino, mezcladlo todo con cariño y arte y la salsa os saldrá grata, sana y picante».

Salsa blanca

Ingredientes:
2 cucharadas de mantequilla
2 cucharadas de harina
1 taza de leche
Pimienta
Sal

Fácil

1. Se funde la mantequilla en una cacerola a fuego lento.
2. Se incorpora la harina y se mueve ininterrumpidamente hasta que la mezcla se vuelve espumosa y se desprende con facilidad del recipiente.
3. Se aparta del fuego y, de forma gradual, se le agrega la leche, sin dejar de mover.
4. Retorna de nuevo a la lumbre y se sigue moviendo, hasta que la salsa espese lo suficiente como para dejar cubierta la parte superior de la cuchara de mezclar.
5. Sazone con sal y pimienta al gusto.

Sugerencia

Si deja que la salsa repose sin haberla tapado, al poco tiempo se habrá formado un tegumento sobre la superficie. Se evita cubriéndola con papel parafinado.

Salsa de jitomate

Salsa de tomate

Ingredientes:
3 jitomates
1 cebolla
2 dientes de ajo
1 ramito de perejil
1 taza de caldo
3 cucharadas de aceite
Pimienta
Sal

Vegetariana

1. Después de asados los jitomates, se pelan y se apartan las semillas.
2. Al fuego, en una sartén con aceite caliente, se dora la cebolla y el ajo; se agrega el jitomate, con su jugo colado y, una vez frito, se le añade el caldo y el ramito de perejil.
3. Se sazona con sal y pimienta y se cuela.

Sugerencia

Si una salsa le resultara muy salada, agréguele un poquito de puré de papa y remuévalo un momentito. La salsa resultará más espesa, pero no la notarán salada. También se podrá solventar el problema con unas gotas de limón.

Salsa virreinal

Ingredientes:
100 gramos de mantequilla
2 yemas de huevo
5 cucharadas de leche
1 cucharada de jugo de limón
1 cucharadita de harina de arroz
Pimienta blanca molida
Sal

Elaborada

1. En una cazuelita se disponen 25 gramos de mantequilla, la harina y tres cucharadas de leche. Se deslíe moviéndola con batidor hasta que quede bien ligada.
2. Colóque sobre fuego moderado y déjese cocer, cuidando de removerla, hasta ponerla como un atole.
3. Se aparta de la lumbre y se le adiciona la mantequilla en varias porciones, batiendo sin parar la salsa y sumándole las dos cucharadas de leche.
4. Se sazona con sal y pimienta y se le añaden las gotas de limón.

Sugerencia

Si la salsa no ofrece un aspecto satinado, déjela cocer, después de espesarse, dos minutos más, moviéndola continuamente con el batidor.

Ensalada de aguacate

Ingredientes para 4 personas:
2 aguacates
4 jitomates
2 cucharadas de jugo de limón
1 ramito de estragón
3 cucharadas de aceite
Pimienta
Sal

Vegetariana

Por persona: 1545 kj/370 kcal
5 gramos de proteínas · 31,5 gramos de grasas · 16,5 gramos de hidratos de carbono

1. Por espacio de dos segundos se sumergen los jitomates en agua hirviendo y se les quita la piel. Seguidamente, se cortan en rodajas y se colocan en un platón.
2. Pelados los aguacates, se parten por la mitad, se retiran las semillas, se cortan en cuadritos y se rocían con una cucharada de limón.
3. Se pica el estragón y se reserva.
4. Se mezcla el aceite con la cucharada de jugo de limón que nos queda, la sal y la pimienta. Se agrega el estragón y los aguacates y se dispone todo sobre el jitomate.

Huachinango al horno, pág. 35

Ensalada de calabacitas

Ingredientes para 3 personas:
1/2 kilo de calabacitas
25 gramos de cebolla picada
1/2 cucharadita de orégano
molido
Vinagre
Aceite
Sal

Vegetariana

Por persona: 317,5kj/76 kcal
2 gramos de proteínas · 4 gramos
de grasas · 8 gramos de hidratos de
carbono

1. Las calabacitas se lavan, se
cortan en ruedas y se cuecen en
agua por espacio de 15
minutos.
2. Una vez que cocieron, se
escurren y en una ensaladera se
acomodan capas de
calabacitas, cebolla, muy
finamente rebanada, un poquito
de orégano molido y sal.
3. Se adereza todo con vinagre
y aceite y se deja reposar, para
que sazone.

Ensalada de col

Ingredientes para 4 personas:
1 col blanca pequeña
2 manojos de rabanitos
Aceite
Vinagre
Sal

Vegetariana

Por persona: 497 kj/110 kcal
6 gramos de proteínas ·5 gramos
de grasas ·12,5 gramos de hidratos
de carbono

1. Bien limpia la col, se parte
en cuartos, se rebana en tiras
muy finas y se deja remojar una
hora en agua, sal y vinagre.
2. Los rabanitos se limpian y se
cortan en forma de flor.
3. Se escurre muy bien la col y
se coloca en un platón, con los
rábanos alrededor y se sazona
todo, de nuevo, con aceite y
sal. Se deja reposar antes de
servir.

Sugerencia

Además de un excelente
aceite, las ensaladas requieren
un buen vinagre en la
proporción de tres partes de
aceite por una de vinagre, es
decir, por cada cucharada de
vinagre tres de aceite.

Ensalada de nopalitos

Ingredientes para 3 personas:
1/2 kilo de nopalitos
1 cucharada de cebolla picada
1 cucharada de cilantro
1 cucharadita de orégano
Aceite
Vinagre
Pimienta
Sal

Para invitados

Por persona: 595 kj/142 kcal
8 gramos de proteínas · 6 gramos
de grasas · 14 gramos de hidratos
de carbono

1. Una vez lavados y picados
los nopalitos, se cuecen en
agua por espacio de media
hora.
2. Se escurren y se acomodan
en un recipiente; se agregan los
otros ingredientes y se mezcla
todo muy bien.
3. Se deja reposar por más de
una hora antes de servir.

Ensalada mixta

Ingredientes para 6 personas:

1 col tierna

2 jitomates

2 pepinos

2 limones

3 rabanitos

Aceite

Pimienta

Sal

Refinada

Por persona: 270 kj/65 kcal
4,5 gramos de proteínas · 3 gramos
de grasas · 5 gramos de hidratos de
carbono

1. Ya limpia la col, se rebana
muy fina y se pone en agua
tibia con sal, donde permanece
por media hora.
2. Se pelan los pepinos y los
jitomates y se rebanan. Por
separado, se sazona todo con
limón, aceite, sal y pimienta.
3. En un platón se acomodan
los rabanitos, a su alrededor se
colocan los pepinos y, después,
las rebanadas de jitomate; por
último se pone la col.

Bacalao
con papas

Ingredientes para 4 personas:
500 gramos de bacalao
900 gramos de papas
2 cebollas, 4 jitomates
3 cucharadas de harina
1 diente de ajo, aceite
Pereji, pimienta, sal

Para invitados

Por persona: 2635 kj/630 kcal
42,5 gramos de proteínas · 20
gramos de grasas · 70 gramos de
hidratos de carbono

1. Cortado en cuadrados
regulares el bacalao, la víspera
se pone a remojo en agua fría.
Cambie el agua tres o cuatro
veces, pero de manera que la
sal no quede en el fondo del
recipiente.
2. Disponga el bacalao en
agua fría en una cacerola y
llévelo a ebullición. Retírelo del
fuego y déjelo enfriar en el
mismo líquido de cocción.
3. Bien escurridas las piezas,
páselas por harina y fríalas en
aceite. Se colocan en un platón
caliente.
4. Pele y corte en rodajas las
cebollas; pele y corte en
cuadritos las papas; pique el
ajo. Coloque estos ingredientes
en el aceite en que frió el
bacalao.
5. Cuece por unos minutos a
fuego lento; agregue el perejil y

suficiente cantidad de agua
hirviendo, para que cubra todos
los ingredientes. Si fuera
menester, agregue una pizca de
sal. Tape la cacerola y déjelo
cocer a fuego lento hasta que
las papas estén cocidas.
6. Introduzca los trozos de
bacalao y condimente con sal y
pimienta. Cuece a fuego lento
durante 10 minutos.

Sugerencia

Características de un buen
bacalao: muy blanco por la
parte de abajo, en contraste
con la piel de encima, que ha
de ser muy negra; su carne es
muy blanca y sus hojas se
separan fácilmente unas de
otras; igualmente, el de buena
calidad es flexible.

Catán
a la antigua

Ingredientes para 5 personas:
800 gramos de catán seco
250 gramos de papas
80 gramos de aceitunas
3 jitomates, 1/2 lechuga
60 gramos de alcaparras
6 chiles anchos
10 chilitos en vinagre
2 cucharadas de aceite
1 cucharada de vinagre
Manteca, sal

Refinada

Por persona: 1870 kj/450 kcal
43 gramos de proteínas · 24
gramos de grasas · 15 gramos de
hidratos de carbono

1. Después de cocido el catán,
se trocea menudito.
2. El jitomate, una vez asado,
molido y colado, se fríe en
manteca con los chiles,
previamente tostados,
desvenados, remojados en
agua y molidos con el agua en
que se remojaron.
3. Añádanse las papas,
cocidas y cortadas en cuadritos,
alcaparras, aceitunas, chiles en
vinagre, una cucharadita de
vinagre, el catán picado y la
sal.
4. Déjese hervir, hasta que se
espese; sírvase caliente,
adornándolo con las hojas de
lechuga.

Sugerencia

Los pescados frescos ofrecen
siempre las siguientes
características: ojos saltones y
brillantes, cuerpo duro, agallas
rojas y piel estirada con las
escamas pegadas.

Cabrilla a la mexicana

Ingredientes para 4 personas:
1 kilo de cabrillas
6 papas medianas
2 chiles poblanos
1 cebolla
2 jitomates
2 dientes de ajo
1 cucharada de vinagre
1 cucharada de pimentón
1 vaso de vino blanco
1/2 taza de aceite
Sal

Elaborada

Por persona: 2380 kj/570 kcal
50 gramos de proteínas ·32,5
gramos de grasas · 19 gramos de
hidratos de carbono.

1. Una vez limpio el pescado,
fríalo en abundante aceite,
hasta que quede bien dorado
por una y otra parte.
2. Cúbrala con ajo picadito,
tiritas de chile poblano, cebolla
en rajitas y los jitomates sin
cáscaras ni semillas, bien
picados.
3. Agregue el vinagre, el
pimentón y el vino blanco.
4. Si fuera del gusto, en la
misma sartén, al lado de la
cabrilla coloque las papas,
lavadas y sin mondar; cuece
suavemente, tapado, hasta que
las papas queden suaves.

Corcovados fritos

Ingredientes para 4 personas:
1 kilo de corcovados
25 gramos de harina
125 gramos de pan molido
1/4 litro de leche
2 huevos
2 limones
Sal

Para invitados

Por persona: 1865 kj/446,5 kcal
57 gramos de proteínas · 12,5
gramos de grasas · 26,5 gramos de
hidratos de carbono

1. Limpios los pescados, se les
hacen unas incisiones en
oblicuo por ambos lados,
dejándolos por espacio de una
hora en un litro de agua con el
jugo de dos limones y una
cucharadita de sal.
2. Se enjuagan y se sumergen
en leche por otra media hora.
3. Una vez bien escurridos se
pasan por la harina y los huevos
batidos y se fríen en aceite bien
caliente.

Sugerencia

Los filetes de pescado se
enharinan antes de remojarlos
en huevo batido.

Huachinango al horno

Ingredientes para 4 personas:
1 kilo de huachinango
100 gramos de mantequilla
100 gramos de crema
2 limones
1 papa mediana
1 cebolla
12 aceitunas
1 cucharada de vinagre
1 cucharada de aceite
Pimienta
Sal

Para invitados

Por persona: 2508 kj/600 kcal
45 gramos de proteínas · 44
gramos de grasas · 6 gramos de
hidratos de carbono

1. Muy bien lavado el
pescado, se le exprime un limón
y se adoba con sal y pimienta.
2. En una cacerola refractaria
untada de mantequilla, se
coloca el pescado y se le
agrega el vinagre, el aceite y la
cebolla en ruedas.
3. Se introduce en el horno. A
mitad de cocción, se añade la
otra parte de la mantequilla, la
crema, el otro limón exprimido y
la papa en gajos. Permanece
en el horno hasta que esté bien
cocido.
4. Suele servirse con ensalada
de verduras.

Huachinango a la marinera

Ingredientes para 4 personas:
1 kilo de huachinango
3 cucharadas de mantequilla
3 cucharadas de aceite de oliva
2 jitomates
1 vasito de vino blanco
1 cucharada de cebolla picada
1 cucharada de perejil picado
3 dientes de ajo
Sal

Para invitados

Por persona: 2450 kj/586 kcal 45 gramos de proteínas · 43,5 gramos de grasas · 4 gramos de hidratos de carbono

1. En una pescadera, que tenga tapa, se pone a calentar la mantequilla y el aceite.
2. Se agrega, luego, cebolla, ajo, perejil y jitomate, ya pelado y sin semillas.
3. Cuando todo esté frito, se incorpora el pescado, junto con el vino, la pimienta y la sal.
4. A media cocción, se le da la vuelta. Se sirve muy caliente.

Huachinango a la veracruzana

Ingredientes para 4 personas:
1 kilo de filetes de huachinango
2 chiles cuaresmeños
1 cebolla pequeña
3 dientes de ajo
1 taza de aceite
Sal

Para invitados

Por persona: 2940 kj/704 kcal 45 gramos de proteínas · 56 gramos de grasas · 5 gramos de hidratos de carbono

1. Cortados en rajas muy delgadas, se fríen en aceite, a fuego manso, con el ajo y la cebolla finamente picados.
2. Se sacan y, en el mismo aceite, se fríe el pescado, previamente sazonado con sal, hasta que logre unos tonos dorados.
3. Se cubre con el chile y se adorna con guacamole o mayonesa.

Isabelitas doradas

Ingredientes para 4 personas:
1 kilo de isabelitas
2 limones
4 dientes de ajo
Perejil
Aceite
Sal

Fácil

Por persona: 2265 kj/542,5 kcal 44 gramos de proteínas · 40 gramos de grasas · 1,5 gramos de hidratos de carbono

1. Ya limpios los pescados, se les practica unas incisiones en sesgo por ambos lados.
2. Seguidamente, se bañan con una salsa elaborada con ajo machacado, jugo de los limones y sal.
3. Transcurrida una hora, se fríen en aceite caliente, por ambos lados, hasta que tomen un bonito color dorado.

Sugerencia

El olor fuerte del pescado al freír puede evitarse si, previamente, se frota la sartén con limón.

Jurel en tomate verde

Ingredientes para 4 personas:
900 gramos de jurel
400 gramos de tomate verde
2 limones
60 gramos de harina
1 cebolla rebanada
1 cucharada de perejil
2 chiles serranos
2 dientes de ajo
Aceite
Pimienta
Sal

Económica

Por persona: 2870 kj/686,5 kcal
47,5 gramos de proteínas · 48,5
gramos de grasas · 15 gramos de
hidratos de carbono

1. Limpios los jureles, se les
hacen cortes en sesgo, por
ambos lados, se salan y se
riegan con el jugo de los
limones.
2. Reposan por espacio de una
hora. Se pasan, luego por
harina y se fríen en aceite
caliente.
3. Desprovistos del pellejo los
tomates, se cuecen, se muelen
con los ajos, los chiles asados,
la cebolla y el perejil; se sazona
con sal y pimienta y se fríe en
cuatro cucharadas de aceite.
4. Al espesar la salsa, se
coloca sobre los pescados
acabados de freír.

Lisa a la costeña

Ingredientes para 4 personas:
1 kilo de lisa
1 cebolla
2 dientes de ajo
1 limón
2 rebanadas de bolillo fritas
Aceite
Sal

Fácil

Por persona: 2050 kj/490,5kcal
44 gramos de proteínas · 32,5
gramos de grasas · 5,5 gramos de
hidratos de carbono

1. Ya limpio y troceado el
pescado, se coloca en una
cazuela de barro.
2. En una sartén con aceite se
fríe el pan; se muele; otro tanto
se hace con la cebolla y el ajo,
que se pasa por el molcajete
junto con el pan. Se mezcla con
el aceite y se diluye todo en un
poquito de agua.
3. Se vierte el preparado
anterior sobre el pescado,
agregándole el jugo de limón y
un poquito de sal.
4. Cuece a fuego lento y se
sirve en la misma cazuela de
barro.

Macarela a la campechana

Ingredientes para 4 personas:
800 gramos de rebanadas de
macarela
200 gramos de jitomate
2 cebollas
3 cucharadas de pan molido
1 cucharada de orégano
3 dientes de ajo
Vinagre
Aceite
Sal

Elaborada

Por persona: 1087 kj/260 kcal
34,5 gramos de proteínas · 10
gramos de grasas · 7,5 gramos de
hidratos de carbono

1. Resulta conveniente calentar
el horno unos minutos antes.
2. Engrase bien un platón
refractario con aceite, coloque
las rebanadas de pescado,
convenientemente sazonadas y
disponga los ingredientes (las
cebollas rebanadas, el jitomate
y el ajo troceados) por debajo y
por encima del pescado.
3. Recubra completamente el
platón con un papel de aluminio
y colóquelo en el horno hasta
que el pescado esté en su
punto.

Mero almendrado

Ingredientes para 4 personas:
800 gramos de mero
250 gramos de jitomate
200 gramos de chícharos
20 gramos de almendras
3 huevos
100 gramos de harina
Pimienta blanca
Aceite
Sal

Para invitados

Por persona: 2390 kj/572 kcal
47 gramos de proteínas · 28
gramos de grasas · 33 gramos de
hidratos de carbono

1. Limpio el pescado de piel y
espinas, se trocea regularmente,
se sazona y se pasa por harina;
fríanse en aceite caliente, hasta
dorar, y colóquese en charola
de horno.
2. Pique la cebolla y rehóguela
en aceite; añada los ajos
picados y la pulpa de tomate
desbaratada; rehogue a fuego
manso.
3. Machaque las almendras en
el mortero; adicione perejil, sal
y un poquito de agua. Desleir.
Agregue al sofrito anterior y
deje que rompa el hervor;
coloque los huevos cocidos y
partidos en cuadritos. Se vierte
en la charola de horno, se
sazona con sal y pimienta y se
agrega un poquito de azúcar

para contrarrestar la acidez del
jitomate. Cuece todo junto por
espacio de 20 minutos.

Pámpano empapelado

Ingredientes para 4 personas:
1 pámpano de 800 gramos
1 limón, 1 cebolla
Aceite
Hierbas de olor
Pimienta
Sal

Fácil

Por persona: 1570 kj/375,5 kcal
32 gramos de proteínas · 27,5
gramos de grasas · 30 gramos de
hidratos de carbono

1. En un papel untado con
aceite, se coloca el pescado
bien limpio y sazonado con
pimienta, limón y sal; se cubre
con unas ramitas de olor y unas
rebanadas de cebolla.
2. Se envuelve bien y se pone
en una charola al horno, donde
ha de permanecer 20 minutos.
Para que no se reseque, se
pone en la charola suficiente
agua.
3. Tradicionalmente, suele
servirse con la salsa que a
continuación relatamos. En un
recipiente, se ponen 100
gramos de mantequilla al fuego;
se deja enfriar y se le agrega

sal, pimienta, dos cucharadas
de vinagre y una de perejil
picado; se vuelve a calentar, a
la hora de servir, y se vierte en
una salsera.

Róbalo cocido

Ingredientes para 6 personas:
1 1/2 kilos de róbalo
2 cebollas, 1/2 limón
Hierbas de olor
Aceite, sal

Fácil

Por persona: 974 kj/233 kcal
45 gramos de proteínas · 5 gramos
de grasas · 2 gramos de hidratos de
carbono

1. Ya limpio el pescado, se
pone a cocer en una charola de
horno con un poquito de agua.
2. Alrededor del pescado se
disponen las cebollas troceadas
y las hierbas de olor. Cuece a
fuego manso.
3. Aparte, en agua, se cuece el
aceite y el jugo del medio limón
con lo que, una vez salado y
cocido el róbalo se rocía. Se
sirve acompañado de salsa
mayonesa.

Sugerencia

Con unas gotas de limón en el
agua donde se cuece el
pescado, queda más blanca y
dura su carne.

Seviche tradicional, pág. 40

Seviche tradicional

Ingredientes para 4 personas:
400 gramos de sierra
200 gramos de jitomate
3 chiles jalapeños en vinagre
50 gramos de aceitunas
50 gramos de pan rallado
4 limones
4 cucharadas de cebolla picadita
1 cucharada de orégano
2 cucharadas de perejil
1 cucharada de vinagre
Aceite de oliva
Pimienta
Sal

Para invitados

Por persona: 943 kj/225,5 kcal
18,5 gramos de proteínas · 11,5
gramos de grasas · 12 gramos de
hidratos de carbono

1. Muy limpio el pescado y
desprovisto de piel, se trocea lo
más finamente posible.
2. Colóquelo en un recipiente
de barro con el jugo de tres
limones y déjelo macerar por
espacio de dos horas.
3. Viértale el jugo de otro limón,
agréguele los otros ingredientes
reseñados, cuidando de que
todo está muy picadito, y
sazone con sal, pimienta y
orégano. Se sirve en copas
cocteleras.

Sierra en escabeche

Ingredientes para 5 personas:
1 kilo de rebanadas de sierra
2 limones
1/2 litro de vinagre
300 gramos de cebolla
1 hoja de laurel
Aceite
Sal

Refinada

Por persona: 1158 kj/277 kcal
34 gramos de proteínas · 13
gramos de grasas · 6 gramos de
hidratos de carbono

1. Cortado el pescado en
rebanadas de centímetro y
medio, aproximadamente,
remójelas en el jugo de los
limones y sazónelas con una
cucharadita de sal.
2. Escurra y, en una sartén con
aceite caliente, fría por ambas
partes hasta que tome un color
dorado.
3. Colóquelas, ahora, en una
cacerola y vierta encima el
escabeche elaborado en la
forma que sigue: caliente el
vinagre y, al soltar el hervor,
agregue las cebollas, cortadas
en tiritas, el laurel y dos
cucharadas de aceite.
Espolvoree con sal y caliente 5
minutos.

Almejas a la costera

Ingredientes para 4 personas:
1 kilo de almejas
1 cebolla
2 dientes de ajo
1 cucharada de perejil picado
1 cucharadita de pan rallado
1/2 limón, 1 hoja de laurel
5 cucharadas de aceite
Pimienta
Sal

Para invitados

Por persona: 1025 kj/245 kcal
27 gramos de proteínas · 13
gramos de grasas · 5 gramos de
hidratos de carbono

1. Muy bien lavadas las
almejas, se colocan en una
sartén con medio vaso de agua
fría. Se dejan cocer a fuego
fuerte y, a medida que se vayan
abriendo, se sacan a una
cacerola. El agua de la
cocción, se filtra y se conserva
al calor.
2. La cebolla y el ajo, finamente
picados, se fríen en aceite;
cuando estén dorados, se pone
el pan rallado y se rehoga un
poco; se agrega el agua de
cocer las almejas, vino, laurel,
el jugo de limón y la pimienta.
Se deja dar un hervor.
3. Se vierte la salsa sobre las
almejas y se hacer hervir por
quince minutos. Añádase el
perejil y rectifíquese de sal.

Sugerencia

La salsa ha de resultar espesita. Si estuviera clara, agréguese pan rallado; si fuera demasiado espesa, adelgácese con un poquito de agua.

Calamares en filetes

Ingredientes para 4 personas:
800 gramos de calamares
1 cebolla
2 jitomates
3 dientes de ajo
1 pimiento morrón verde
1 hoja de laurel
1 ramita de tomillo
1 ramita de mejorana
Aceite
Pimienta
Sal

Refinada

Por persona: 792 kj/189,5 kcal 28,5 gramos de proteínas · 7,5 gramos de grasas · 2 gramos de hidratos de carbono

1. Una vez limpios los calamares, se cuecen en una olla, hasta que estén blandos; se cortan en tiras, se sazonan con sal y pimienta y se fríen en aceite.
2. Aparte, se fríen la cebolla, cortada en tiritas, los jitomates pelados y picados, el ajo picado, el pimiento morrón en tiras, laurel, tomillo y mejorana. Se dejan sazonar cinco minutos.
3. Se incorpora a los calamares y se dejan a la lumbre por espacio de veinte minutos.

Camarones en chile cascabel

Ingredientes para 4 personas:
1/2 kilo de camarones
2 cucharadas de chile cascabel molido
1 cebolla
2 jitomates
2 dientes de ajo
1 cucharada de perejil picado
Aceite
Pimienta
Sal

Para invitados

Por persona: 784 kj/187,5 kcal 25 gramos de proteínas · 7,5 gramos de grasas · 5 gramos de hidratos de carbono

1. En aceite muy caliente, se acitrona la cebolla, finamente picada, y el ajo, también picado.
2. Agréguesele el jitomate, pelado, sin semillas y picado, y el chile cascabel molido; se sazona con sal y pimienta.
3. Previamente cocidos y sin cáscaras, se incorporan los camarones picados y el perejil; permanece todo a la lumbre por un cuarto de hora.

Jaibas en pastel

Ingredientes para 5 personas:
1 kilo de jaibas
3 huevos cocidos
100 gramos de mantequilla
1 taza de pan molido
2 jitomates
1 cebolla
2 dientes de ajo
1 pimiento morrón
10 aceitunas
1 cucharada de alcaparras
2 cucharadas de perejil
Sal

Elaborada

Por persona: 900 kj/215 kcal 36,5 gramos de proteínas · 26 gramos de grasas · 11,5 gramos de hidratos de carbono

1. Limpie muy bien y desmenuce las jaibas.
2. Mézclelas con los jitomates y el ajo, previamente asados y molidos, huevos, pan molido, pimiento morrón en tiritas, aceitunas, alcaparras, mantequilla, cebolla y perejil picados.

3. Todo muy bien mezclado se acomoda en un molde engrasado. Póngalo a cocer al baño maría, hasta que al introducirle un tenedor éste salga limpio. Es suficiente media hora de cocción.

Langosta cocida

Ingredientes para 4 personas:

1 langosta de 1200 gramos

1 limón

2 hojas de laurel

Sal

Para invitados

Por persona: 924 kj/221 kcal
44 gramos de proteínas · 5 gramos de grasas

1. Una vez limpia la langosta, se ata doblando la cola y se pone a cocer en agua hirviendo a borbotones. El agua ha de ser en suficiente cantidad para que quede bien cubierta. Cuece aproximadamente media hora, en cacerola cubierta.
2. Una vez cocida, se aparta la cacerola de la lumbre y se deja enfriar en su caldo.
3. Se corta el caparazón por la parte de abajo, se saca la carne y se corta en rodajas. De nuevo se coloca en las cáscaras y se adorna con lechuga y limón.

4. Suele servirse con alguna salsa.

Ostiones imperiales

Ingredientes para 4 personas:

4 docenas de ostras

2 cucharadas de pan rallado

1 cucharada de cebolla picada

1 cucharadita de apio

1/2 taza de espinacas

Mantequilla

Pimienta

Sal

Para invitados

Por persona: 543 kj/130 kcal
13,5 gramos de proteínas · 6 gramos de grasas · 5,5 gramos de hidratos de carbono

1. Se sacan los ostiones de las conchas y se escurren.
2. Se revuelven con la cebolla y el apio y se sazona con sal y pimienta.
3. Se colocan cuatro ostiones en cada concha y sobre ellos un poco de espinaca, previamente cocida y salteada en mantequilla; se les pone un poquito de mantequilla, se espolvorean de pan y se introducen en el horno, caliente, donde permanecen unos minutos.

Romeritos con camarones

Ingredientes para 8 personas:

1 kilo de romeritos

200 gramos de camarón seco

1/2 kilo de papas

3 huevos

1/2 cebolla

3 dientes de ajo

7 chiles anchos

3 chiles mulatos

2 chiles pasilla

1/2 tortilla

1 bolillo

100 gramos de ajonjolí

2 tazas de caldo

Aceite

Sal

Para invitados

Por persona: 1214 kj/290,5 kcal
32,5 gramos de proteínas · 12,5 gramos de grasas · 12 gramos de hidratos de carbono

1. Una vez limpios los romeritos, se apartan las raíces y se cuecen en suficiente agua, con un cuarto de una cebolla, un diente de ajo y sal.
2. Los chiles se limpian, se remojan en agua caliente, se muelen y se fríen.
3. Aparte, se muele media tortilla y una rebanada de pan, fritas, el ajo restante y el ajonjolí. Se fríe esta pasta, se agrega a los chiles y se deja sazonar por 3 o 4 minutos; se

añade, después, el caldo y medio de litro de agua, dejando cocer todo a fuego suave.

4. Para elaborar las tortitas de camarón, se les quita la cabeza a éstos y se muelen con el resto del pan; se mezcla con los huevos batidos a punto de turbón y tomando de esta mezcla forme las tortitas, con la ayuda de una cuchara; agregue al mole los romeritos y las papas cocidas. Antes de servir, incorpore las tortitas.

CARNES Y MENUDENCIAS

Aguayón
a la toluqueña

Ingredientes para 6 personas:
1 kilo de aguayón
2 chiles anchos
4 jitomates grandes
Pimienta
Aceite
Sal

Fácil

Por persona: 1545 kj/370 kcal
33,5 gramos de proteínas · 24
gramos de grasas · 5 gramos de
hidratos de carbono

1. Se cuece entero el trozo de
aguayón. Ya en su punto, se
rebanan y se machacan las
rebanadas con el tejolote.
2. Aparte, se muele el chile
ancho con unos jitomates
asados y un poquito de
pimienta y sal.
3. En la salsa precedente se
introducen los trozos de carne,
que se freirán uno a uno y poco
a poco para que no se
despedacen. Suele servirse
acompañado de ensalada.

Barbacoa
de tamal

Ingredientes para 6 personas:
1 pierna de carnero
250 gramos de chiles anchos
1 cucharada de vinagre, sal
Hojas secas de maíz para
tamales
Pimienta, 4 clavos de olor

Elaborada

Por persona: 3060 kj/732 kcal
41 gramos de proteínas · 62
gramos de grasas · 2,5 gramos de
hidratos de carbono

1. Ya limpia y lavada la carne,
se trocea en raciones y se
espolvorea de sal.
2. Se desvenan los chiles, se
asan ligeramente, se remojan y
se muelen junto con los clavos,
la canela, la pimienta y los
dientes de ajo. Se sazona con
sal al gusto, sumando una
cucharada de vinagre y un
poco de agua, con el objeto de
lograr una salsa un poco
espesa. Se fríe esta salsa y con
ella se enchila la carne.
3. Las raciones enchiladas se
envuelven en las hojas, que
previamente se habrán lavado y
remojado; se forma los tamales
y se amarran con tiras de las
mismas hojas.
4. En una olla se pone agua
hasta que alcance a la parrilla
colocada al fondo, sobre la que
se acomodan los tamales. Se

tapa el recipiente y se pone al
fuego, hasta que la carne esté
bien cocida.

Estofado
de cerdo

Ingredientes para 6 personas:
1 kilo de lomo de cerdo
300 gramos de jitomate
4 pimientos, 1 diente de ajo
1 cebolla, 3 clavos de especia
1 rajita de canela, almendras
Sal, 2 cucharadas de harina
Aceite, 1/4 taza de vinagre
Hierbas de olor, papas

Para invitados

Por persona: 2900 kj/695 kcal
27 gramos de proteínas · 62
gramos de grasas · 7 gramos de
hidratos de carbono

1. Cortado en rebanadas
gruesas, se mecha el lomo con
cuadritos de papa y medias
almendras remojadas y peladas.
2. Se fríen en aceite y, cuando
están doradas por ambos lados,
se retiran del fuego.
3. En el aceite de freír las
rebanadas, se disponen la
cebolla, el jitomate, las
pimientas, el ajo, los clavos y la
canela, todo picado y molido.
Se incorpora la harina,
cuidando de no hacer grumos y,
una vez todo bien frito, se
agrega el vinagre, las hierbas

Estofado de res ranchero, pág. 46

de olor y medio litro de agua.
4. La salsa anterior se mezcla
con la carne, se sazona con sal
y se deja hervir con la cacerola
tapada hasta que la carne esté
suave . Se sirve caliente,
adornando las rebanadas con
aceitunas y hojas de lechuga.

Estofado de res ranchero

Ingredientes para 4 personas:
800 gramos de carne
2 cebollas
2 dientes de ajo
2 cucharadas de aceite
2 cucharadas de harina
4 zanahorias medianas
2 tazas de caldo
Pimienta
Perejil
Mostaza seca
Sal

Elaborada

Por persona: 2650 kj/634 kcal
41,5 gramos de proteínas · 48
gramos de grasas · 9 gramos de
hidratos de carbono

1. Se rehoga la cebolla y el
ajo, finamente picados, en una
sartén con aceite caliente, hasta
que la cebolla empiece a
ablandarse.
2. Se recorta en tacos la carne,
se sazona y se pasa por harina.

3. En la sartén, con la cebolla y
el ajo se dora la carne. Se
agrega el caldo y se pone a
hervir, removiéndolo bien.
4. Se pasa el preparado a una
cacerola y se añaden las
zanahorias troceadas y las
especias. Se pone a cocer en el
horno, hasta que la carne esté
muy tierna. Compruébese si el
condimento está en su punto y
se espolvorea por encima el
perejil picado.

Lomo poblano

Ingredientes para 6 personas:
900 gramos de lomo de cerdo
500 gramos de jitomate
1 cebolla
2 dientes de ajo
35 gramos de manteca
1 chorizo
4 chiles poblanos
1/2 litro de caldo
Sal

Fácil

Por persona: 2530 kj/606 kcal
26,5 gramos de proteínas · 54
gramos de grasas · 3,5 gramos de
hidratos de carbono

1. Fríanse los ajos y el chorizo
en la manteca. Se sacan y en la
misma grasa, se fríe el lomo y
los chiles, asados, desvenados y
cortados en rajas.
2. Cuando el lomo esté dorado,

se mezcla con el jitomate
molido con la cebolla, los ajos y
el chorizo frito. Se añade el
caldo, la pimienta y la sal y se
deja hervir hasta que la carne
quede suave y la salsa espesa.
3. Para servirlo, se rebana y se
dispone en un platón, bañando
las rebanadas con la propia
salsa.

Ternera al modo de Guadalajara

Ingredientes para 6 personas:
1 kilo de bola de ternera
200 gramos de aceitunas
rellenas
2 cebollas
1 diente de ajo
1 poro
1 tallo de apio
2 hojas de laurel
3/4 litro de caldo
1 vaso de vino blanco
5 pepinos en vinagre
1 cucharada de harina
3 cucharadas de grasa de
tocino
Sal

Para invitados

Por persona: 1722 kj/412 kcal
32 gramos de proteínas · 30
gramos de grasas · 3,5 gramos de
hidratos de carbono

1. Se fríe la ternera en la grasa de tocino, hasta que este bien dorada.

2. Se coloca en una charola de horno, junto con las cebollas y los poros rebanados, el apio, el laurel, el ajo, la sal y el caldo. Se pone todo a horno regular, cuidando de que no se pegue, por lo que precisará añadir más caldo, si fuere necesario. Cuando la ternera esté suave, se saca y se rebana.

3. Se cuela el jugo y, a medio litro del mismo, se le agrega la harina revolviendo muy bien, se vuelve a colar y se pone al fuego. Cuando empiece a espesar, se le incorpora la carne rebanada, los pepinos en trocitos y las aceitunas. Se deja hervir para que todo se sazone y se sirve muy caliente.

Sugerencia

Una buena carne de ternera ofrece estas características: grano fino, color rojo claro y grasa blanca.

Ternera en nogada

Ingredientes para 4 personas:
600 gramos de ternera
2 cebollas
4 dientes de ajo
1 ramito de tomillo
1/2 taza de nuez molida
3 cucharadas de mantequilla
2 tazas de leche evaporada
3 cucharadas de almendra tostada
Pimienta
Sal

Elaborada

Por persona: 2660 kj/637 kcal 40 gramos de proteínas · 45 gramos de grasas · 18 gramos de hidratos de carbono

1. La carne, puesta al fuego con litro y medio de agua, una cebolla, ajos, tomillo y sal, cuece por hora y cuarto, aproximadamente, hasta que quede suave.

2. Se deja enfriar y se rebana en lonchas finas.

3. En una cacerola, se ponen al fuego la mantequilla y una cebolla, finamente picada, hasta que acitrone. Se agrega la nuez, la leche evaporada, la sal y el caldo de hervir la carne.

4. Cuando hierva, y sin dejar de mover, se incorpora la carne hasta que espese un poco. En el momento de servirla, se decora con las almendras.

Guajolote relleno

Pavo relleno

Ingredientes para 12 personas:
1 guajolote
100 gramos de manteca de cerdo
300 gramos de lomo de cerdo
200 gramos de carne de cerdo
100 gramos de jamón
50 gramos de piñones o almendras
100 gramos de pasas
2 huevos
2 copas de jerez
Aguardiente de caña
Pimienta
Nuez moscada
Vinagre
Sal

Para invitados

Por persona: 7135 kj/1707 kcal 76,5 gramos de proteínas · 151,5 gramos de grasas · 9,5 gramos de hidratos de carbono

1. Para que resulte más sabroso, conviene emborrachar al guajolote antes de sacrificarlo. El mejor modo consiste en decapitarlo de un solo golpe; se escalda en agua caliente, se despluma y se deja colgado toda la noche («Sólo el guajolote muere la víspera»). Al día siguiente, se abre, se limpia y se flamea.

2. Con lomo, carne y jamón se

hace un picadillo, se agregan las pasas y las almendras picadas (o los piñones enteros), sal y pimienta, se rocía con una copa de jerez y se suman los huevos batidos.

3. Con todo ello bien amasado se rellena el guajolote y se cose. Se unta con un poco de vinagre y de manteca y se mete al horno.

4. De vez en cuando hay que rociarlo con la grasa que suelta, para evitar que se seque, añadiendo, si fuera necesario un poquito más de manteca o aceite. Cuando la carne esté suave, se le baña con la otra copa de jerez.

5. Se sirve entero, acomodado en el centro de un platón y, si fuera la época y del gusto, acompañado de puré de castañas.

Sugerencia

El guajolote debe tener una carne blanca, grasa y aterciopelada; sus patas no han de ser rojizas ni escamosas.

Pollo a la naranja

Ingredientes:

1 pollo tierno

1 taza de jugo de naranja

1 cebolla

2 dientes de ajo

20 almendras

1 cucharada de alcaparras

Azafrán

Canela

Clavo molido

2 cucharadas de pasitas sin semilla

Aceite

Sal, pimienta

Refinada

Por persona: 5300 kj/1270 kcal 91,2 gramos de proteínas · 100 gramos de grasas.

1. Se corta el pollo en piezas y se cuecen en agua con sal, hasta que estén suaves.

2. Aparte, se fríe la cebolla y el ajo picados; cuando la cebolla esté acitronada, se agrega el jugo de naranja, el azafrán, la canela, el clavo, las pasitas, las almendras, remojadas y peladas, y las alcaparras, sazonando con sal y pimienta.

3. Al anterior preparado se incorpora el pollo y parte del caldo donde se coció, se tapa la cacerola y se deja hervir a fuego lento, hasta que la carne esté muy tierna.

4. Se sirve en un platón adornado con rebanadas de naranja.

Sugerencia

Los pollos han de tener una piel blanca y fina, al tiempo que la punta de la ternilla del pecho ha de obedecer fácilmente a los movimientos que se imprimen con la mano. Las patas han de ser tiernas y suaves.

Criadillas en salsa

Ingredientes para 3 personas:

600 gramos de criadillas

500 gramos de jitomate

50 gramos de manteca

40 gramos de harina

1 limón

2 dientes de ajo

2 clavos de especia

Perejil

Pimienta

Sal

Elaborada

Por persona: 1605 kj/384 kcal 30 gramos de proteínas · 22 gramos de grasas · 16,5 gramos de hidratos de carbono

1. Después de un primer lavado,

se ponen las criadillas durante una hora en un litro de agua con el jugo de un limón.

2. Se enjuagan en agua fría y se ponen a cocer en agua y sal. Después de cocidas, se les quita la piel que las recubre y se rebanan.

3. Aparte, se fríe la harina en la manteca y, cuando esté dorada, se le agrega el jitomate, el ajo y el perejil picados.

4. Ya todo bien frito, se le suman los clavos disueltos en el caldo, la sal, la pimienta y las criadillas rebanadas, dejándolo hervir hasta que quede bien sazonado.

Lengua a la norteña

Ingredientes:

1 lengua

4 jitomates

1 cebolla

1 ramito de perejil

Canela

Azúcar

Pasas

Almendras

1 copa de jerez

Sal

Refinada

Por persona: 1856 kj/444 kcal 42,5 gramos de proteínas · 26 gramos de grasas · 10 gramos de hidratos de carbono

1. La primera operación que exige un preparado de lengua es su limpieza y posterior eliminación de la piel que la recubre. Para ello , después de lavarla al chorro de agua, se le cuece en abundante agua durante unos 10 minutos, pasado ese tiempo, se le quita el pellejo con relativa facilidad.

2. Después de despellejarla, se le pone a cocer en agua nueva con un poquito de cebolla, perejil y sal. Se rebana y se reserva.

3. Aparte, se fríe cebolla, jitomate y perejil, canela molida, un poquito de azúcar, pasas y almendras.

4. Frito lo anterior, se dispone en el platón una capa de recaudo y otra de lengua; se agrega un poco de caldo y una copita de jerez dulce.

Riñones encebollados

Ingredientes para 4 personas:

600 gramos de riñones

3 cebollas

3 dientes de ajo

1 limón

1 vasito de jerez

Rebanadas de pan

Perejil

Pimienta

Manteca

Sal

Económica

Por persona: 1150 kj/275 kcal 25 gramos de proteínas · 25 gramos de grasas · 10 gramos de hidratos de carbono

1. Deben lavarse muy bien los riñones y quitarles la grasa y pellejo que presentan por fuera y por dentro; se rebanan y se dejan durante una hora cubiertos con agua y jugo de limón. Transcurrido este tiempo, se vuelven a lavar, se escurren, se secan con un paño y se parten en trocitos. Posteriormente, se doran en manteca.

2. Por separado, se fríen la cebolla picada y los ajos troceados. Cuando estén acitronados se incorporan los riñones, los granos de pimienta, el perejil, el vino y la sal.

3. Se deja cocer a fuego manso, espesando la salsa, si se desea, con un poquito de harina.

4. Se sirven acompañados de rebanadas de pan frito.

Chalupas pobladas a la antigua

Ingredientes para 6 personas:
1/2 kilo de masa para tortillas
225 gramos de falda de puerco
150 gramos de manteca
12 tomates
4 cebollas
2 chiles serranos
1 diente de ajo
Cilantro
Sal

Tradicional

Por persona: 2805 kj/671 kcal
17 gramos de proteínas · 32,5
gramos de grasas · 77,5 gramos de
hidratos de carbono

1. Mezclada la masa con un poquito de agua, se moldean unas tortillas chicas y finas.
2. Se cuecen en el comal.
3. Sobre las tortillas se vierte manteca requemada y una salsa verde que elaboraremos con los tomates cocidos y molidos con los chiles, el cilantro y la sal.
4. Se pica finamente la cebolla y se deshebra la carne previamente cocida. Se vierte, también, sobre las tortillas, que se rocían con manteca muy caliente. Se sirve de inmediato.

Chilaquiles solteros

Ingredientes para 6 personas:
24 tortillas
1 vaso de mole
4 tazas de caldo
200 gramos de queso añejo
1 cebolla
Aceite
Sal

Fácil

Por persona: 1396 kj/334 kcal
13,5 gramos de proteínas · 14
gramos de grasas · 36 gramos de
hidratos de carbono

1. Se cortan las tortillas en tiras alargadas y se fríen en aceite caliente, sin que lleguen a dorar; se escurre el aceite y se apartan.
2. Mezcle el mole con el caldo y déjele hervir unos minutos para que sazone.
3. Coloque en una cacerola la mitad de las tortillas fritas y bañelas con la salsa anterior; coloque encima queso rallado y ruedas de cebolla y, después, las tortillas restantes, la salsa de mole, el queso y la cebolla. Se sirve muy caliente, acompañado de frijoles refritos.

Enchiladas coloniales

Ingredientes para 6 personas:
24 tortillas
1/2 kilo de calabacitas tiernas
250 gramos de queso fresco
250 gramos de cebola
250 gramos de jitomate
200 gramos de chorizo
100 gramos de chile pasilla
Vinagre
Aceite
Sal

Económica

Por persona: 1725 kj/413 kcal
23,5 gramos de proteínas · 15
gramos de grasas · 46 gramos de
hidratos de carbono

1. Se tuesta y se desvena el chile, que se pone a remojar en agua tibia. Ya que está suave, se muele con el jitomate asado y se cuel a la salsa.
2. Se fríe ligeramente el chorizo; se pican las calabacitas y se ponen a cocer en un chorrito de vinagre y una pizca de sal, cuidando de que no queden demasiado blancas.
3. Se revuelven las tortillas en la salsa, se pasan por el aceite hirviendo y se rellenan con el chorizo desmenuzado. Encima se les pone calabacita, la cebolla picada y el queso desmenuzado.

Guajolote relleno, pág. 47

Guacamole

Ingredientes:
Aguacates, jitomate
Cebolla, chiles serranos
Sal , cilantro

Fácil

1. Se pasan los aguacates, pelados, por el molcajete.
2. Se lavan los jitomates a chorro de agua, se pican finamente y se les agrega sal.
3. Se lava el cilantro cuidadosamente, se seca y se pica; también lavados, se pican finamente la cebolla y el chile.
4. Se unen muy bien todos los ingredientes.

Mole negro de Oxaca

Ingredientes para 10 personas:
1 guajolote, 1 kilo de jitomate
100 gramos de manteca
100 gramos de chiles chilhuacles negros
100 gramos de ajonjolí
50 gramos de almendras
30 gramos de chile colorado
30 gramos de chocolate
20 gramos de azúcar
1 tortilla, 5 clavos, 1 ajo
20 nueces de Castilla
10 pimientas negras
2 hojas de aguacate, sal
Canela, hierbas de olor

Para invitados

Por persona: 5635 kj/1348 kcal 83 gramos de proteínas · 104 gramos de grasas ·20 gramos de hidratos de carbono

1. Sacrificado la víspera, como ya se dijo al hablar del guajolote, se corta en pedazos y se coloca en una olla grande, sobre el fuego, hasta que cueza.
2. En una sartén se tuestan los chiles, hasta que adquieran oscuro color, quitándoles los tallos y las semillas. Una vez limpios, se ponen en una cazuela grande; los rabitos y las semillas se tuestan sobre una tortilla seca y dura, que se deja en el fuego hasta que carbonice, cuidando de que el chile no se queme.
3. Se añaden las semillas, los rabos y agua caliente, para que todo se remoje bien; se tuesta el ajonjolí, la almendra y las nueces y se muelen con el ajo, las hierbas de olor y las semillas remojadas; se agregan los chiles y el jitomate y se vuelve a moler.
4. En una cazuela, con la manteca caliente, se va poniendo la anterior masa, a que se fría; se le agrega, después, el caldo del guajolote, procurando que no quede ni muy espeso ni muy delgado. Finalmente, el azúcar y la sal; se mueve lentamente, hasta que sazone y espese.

Mole poblano

Ingredientes para 10 personas:
1 guajolote
4 cuarterones de chocolate
100 gramos de almendras
25 gramos de ajonjolí
6 jitomates rojos
8 chiles colorados
6 chiles anchos
8 chiles
4 dientes de ajo
5 tortillas frías
1 bolillo
2 clavos
1 rajita de canela
1/2 cucharadita de pimienta
Manteca
Sal,

Para invitados

Por persona: 5785 kj/1384 kcal 85 gramos de proteínas · 108 gramos de grasas · 18 gramos de hidratos de carbono

1. Los chiles, desvenados y sin semilla, se doran en manteca, cuidando de que no se pasen, y se remojan en agua caliente.
2. Se muelen las almendras, las tortillas y el pan, se doran en manteca y, de nuevo, se muelen con el ajonjolí.
3. También se tuesta canela, clavo, pimienta y una cucharada de semillas de las tres clases de chiles; los jitomates se asan y se muelen, sin los pellejos, junto con los chiles y se fríen con todos los

ingredientes señalados, añadiendo el chocolate, más tres litros de agua y el guajolote, cortada en piezas, frito previamente en una cazuela con manteca, dejándolo a fuego suave hasta que esté tierno y la salsa espese bien.

Pipián tradicional

Ingredientes para 5 personas:
1 kilo de lomo de puerco
1/4 kilo de semillas de calabaza
100 gramos de maíz
4 tazas de caldo de carne
Manteca
Sal, 2 chiles anchos

Elaborada

Por persona: 3700 kj/885 kcal 54 gramos de proteínas · 69 gramos de grasas · 12 gramos de hidratos de carbono

1. Cortado en pedazos chicos, se cuece el lomo en suficiente agua con sal, hasta que quede blando.
2. Se doran en el horno las semillas de calabaza y el maíz se muelen separadamente.
3. Se desvenan los chiles, se apartan las semillas y se remojan en agua caliente hasta que estén blandos; se muelen junto con el maíz y las semillas

de calabaza en dos tazas; se fríen luego en manteca requemada, moviendo constantemente hasta que espese.
4. Se le incorporan otras dos tazas de caldo y el lomo, se rectifica de sal y se deja hervir hasta que sazone y quede espeso.

Pozole

Ingredientes para 8 personas:
300 gramos de maíz cacahuazincle
250 gramos de cabeza de puerco
250 gramos de espinazo de puerco
250 gramos de retazo macizo de puerco
2 patitas de puerco
1/2 gallina
Salsa picante
5 cebollas
1 manojo de rabanitos
5 limones
3 cucharadas de cal
1 lechuga, 1 cabeza de ajo
Sal

Tradicional

Por persona: 3765 kj/901 kcal 57,5 gramos de proteínas · 63 gramos de grasas · 26 gramos de hidratos de carbono

1. Lavado el maíz, se dispone

en una olla con poco más de dos litros de agua y cal
2. Cuando ya al maíz se le puede desprender la cascarita, se restrega y se lava muy bien; se descabeza y de nuevo se coloca sobre la lumbre a cocer, en abundante agua y con los ajos pelados.
3. Ya que el maíz ha reventado, se añaden las carnes troceadas. Bien cocidas, se sazonan con sal y se dejan a que den unos hervores. Ha de hervir hasta que las carnes estén muy suaves, añadiendo agua, si fuera menester.
4. Al servir, se pone la lechuga, finamente picada, al igual que la cebolla, rebanadas de limón y de rábano y salsa picante.

Sopes

Ingredientes para 4 personas:

250 gramos de masa para tortillas

50 gramos de harina

100 gramos de frijol

200 gramos de jitomates

50 gramos de queso añejo

1 cebolla

1 huevo

3 chiles serranos

Manteca o aceite

Sal

Fácil

Por persona: 2817 kj/674 kcal 17 gramos de proteínas · 34 gramos de grasas · 65 gramos de hidratos de carbono

1. Lavados, desvenados y remojados los chiles, se muelen con la masa.

2. Se amasa con el huevo, la harina, una cucharadita de manteca y sal.

3. Se elaboran unas tortillas chicas, se unen de dos en dos, colocándoles en el centro los frijoles cocidos y uniendo las orillas con clara.

4. Se fríen en aceite o manteca muy caliente.

Tamales canarios

Ingredientes para 6 personas:

1 kilo de harina de arroz

250 gramos de mantequilla

250 gramos de azúcar

6 huevos

1 paquetito de hojas de maíz

100 gramos de pasitas

Leche

Refinada

Por persona: 4750 kj/1137 kcal 14,5 gramos de proteínas · 41 gramos de grasas · 177,5 gramos de hidratos de carbono

1. Se bate la mantequilla hasta que esponje; sin dejar de batir, se le agrega la azúcar y luego, una a una, las yemas.

2. Se sigue batiendo y se incorpora la harina de arroz y las pasas sin semillas. Si la masa estuviera muy espesa, se le añade un poquito de leche. Por último se le ponen las seis claras de huevo batidas a punto de turrón.

3. Se confeccionan los tamales, cuidando que, al envolverlos en las hojas, se dejan flojos, toda vez que esponjan mucho. Se cuecen en vaporera por media hora.

Tinga poblana

Ingredientes para 6 personas:

1 kilo de pulpa de cerdo

1/4 kilo de longaniza

4 papas cocidas

3/4 kilo de jitomate

1 cebolla

2 aguacates

1/2 taza de cerveza

1 lechuga de hoja larga (Chipotles en vinagre)

3 cucharaditas de perejil picado

Aceite, sal

Para invitados

Por persona: 3400 kj/813 kcal 45 gramos de proteínas · 61 gramos de grasas · 21 gramos de hidratos de carbono

1. La cebolla y el perejil picados se fríen en aceite, a que citrone un poco; agregue, en seguida, el jitomate y un poco de caldo de carne y deje sazonar.

2. Agregue, luego, la carne, previamente cocida y cortada en cuadritos, y después la cerveza, dejándolo otro rato sobre la lumbre para que vuelva a sazonarse.

3. Disponga un platón, coloque en la orilla las hojas de lechuga, al centro el guisado de carne, las papas, cocidas y cortadas, la longaniza frita y el aguacate, cortado en forma de hojas y, si fuera de su agrado, los chipotles.

Chilaquiles solteros, pág. 50

Cajeta de calabaza de Castilla

Ingredientes para 6 personas:
1/2 kilo de calabaza de Castilla
1 coco fresco
600 gramos de azúcar
1 cucharadita de canela en polvo

Refinada

Por persona: 3120 kj/747 kcal
3,5 gramos de proteínas · 21 gramos de grasas · 544 gramos de hidratos de carbono

1. Con el azúcar, en una cacerola de cobre, se elabora un almíbar a medio punto; se agrega el coco, finamente rallado, y la pulpa de la calabaza cocida y molida.
2. Se bate hasta que se vea el fondo de la cacerola. Se retira de la lumbre.
3. Se vacía en un platón, se adorna con las pepitas de la calabaza y se espolvorea con azúcar y canela en polvo.

Cocada de Santa Clara

Ingredientes para 6 personas:
200 gramos de coco rallado
4 yemas de huevo
150 gramos de azúcar
1 litro de leche

Fácil

Por persona: 1720 kj/412 kcal
11 gramos de proteínas · 15,5 gramos de grasas · 57 gramos de hidratos de carbono.

1. Se pone al fuego en una cacerola la leche, el azúcar y el coco rallado.
2. Al romper el hervor y ya a fuego manso, se incorporan las yemas de huevo ligeramente batidas, sin dejar de mover.
3. Cuando se vea el fondo del recipiente, se retira del fuego y se vacía en un platón.

Sugerencia

El coco se monda con facilidad si, después de partido a la mitad, se calienta sobre la lumbre.

Chongos zamoranos

Ingredientes para 6 personas:
1 kilo de azúcar
3 litros de leche
5 limones verdes
1 ejote de vainilla
1 pastilla de cuajar
Sal

Exquisita

Por persona: 4140 kj/990 kcal
18 gramos de proteínas · 16,5 gramos de grasas · 192,5 gramos de hidratos de carbono.

1. Se desbarata la pastilla de cuajar en dos cucharadas de agua fría y se le agrega la sal, según el gusto.
2. Aparte, se endulza la leche con el azúcar, en donde se rallaron los limones, y se le agrega la vainilla; se entibia un poquito y se le suma la pastilla de cuajar.
3. Se deja todo en reposo hasta que la leche esté cuajada.
4. Se practican unas cortadas grandes y se pone a fuego suave. Cuando los chongos logran un bonito color dorado se voltean, para que doren del otro lado. Se retiran de la lumbre y se acomodan en un platón.

Dulce de camote y guayaba

Ingredientes para 4 personas:
500 gramos de camote
3 guayabas maduras
250 gramos de azúcar
Canela en polvo

Refinada

Por persona: 1880 kj/450 kcal
4,5 gramos de proteínas · 108
gramos de hidratos de carbono

1. Perfectamente lavados camotes y guayabas, se cuecen juntos en un litro de agua, hasta que suavicen. Se muelen y se pasan por un cedazo.
2. Se agrega el azúcar al agua en que se cocieron y, ya un poco consumida, se agrega la pasta de camote y guayaba. Se prosigue la cocción, revolviendo continuamente, hasta que se ve el fondo del cazo.
3. Se vacía en un platón y se espolvorea de canela.

Flan de leche

Ingredientes para 6 personas:
1 litro de leche, 8 huevos
400 gramos de azúcar, vainilla

Fácil

Por persona: 1935 kj/463 kcal
14 gramos de proteínas · 13 gramos de grasas · 75 gramos de hidratos de carbono

1. Se baten en un recipiente los huevos, se agrega el azúcar y se continúa el batido hasta conseguir una pasta tersa.
2. Se incorpora la leche, que deberá ser hervida, y la vainilla.
3. En un molde previamente untado con azúcar quemado, se vierte la crema y se pone al horno al baño maría por poco más de una hora con el molde tapado.
4. Ya bien cocido, se deja enfriar y se deposita en un platón.

Panqué de nata

Ingredientes para 6 personas:
225 gramos de nata
250 gramos de harina
100 gramos de azúcar
3 cucharaditas de levadura en polvo
Leche, 4 huevos

Para invitados

Por persona: 1630 kj/390 kcal
9,5 gramos de proteínas · 16 gramos de grasas · 52 gramos de hidratos de carbono

1. Se bate la nata en un

recipiente con el azúcar, añadiendo los huevos, uno a uno, sin dejar de mover.
2. Se incorpora la harina cernida con la levadura en polvo hasta que forme una pasta clara. Si lo estimara necesario, se puede agregar leche.
3. En un molde previamente engrasado se vierte la pasta y se introduce en el horno a fuego regular.

Sugerencia

Los huevos, la leche y las grasas que se vayan a utilizar en la elaboración de pasteles deben sacarse del refrigerador una hora antes de empezar el trabajo.

Pastel de plátano

Ingredientes para 6 personas:
250 gramos de plátano tabasco
250 gramos de harina
250 gramos de azúcar
250 gramos de mantequilla
100 gramos de maicena
7 huevos
100 gramos de pasitas
1/2 litro de leche
1 cucharada de polvos de hornear
50 gramos de azúcar pulverizada
1 cucharada de canela en polvo

Refinada

Por persona: 3945 kj/945 kcal
16 gramos de proteínas · 44 gramos de grasas · 121 gramos de hidratos de carbono

1. Se bate la mantequilla con el azúcar con una cuchara de palo; al esponjar se le añade la pulpa del plátano muy bien machacada, las pasitas, las yemas, una a una, la harina cernida con los polvos de hornear, alternándose con la leche, y las claras batidas a punto de turrón.
2. Muy bien unido, se vierte en un molde previamente engrasado y enharinado y se pone a horno regular, hasta que logre su punto.
3. Ya fuera del horno, se deja enfriar un poquito y se espolvorea con el azúcar cernido mezclado con el polvo de canela.

Pastel de pasas

Ingredientes para 6 personas:
100 gramos de pasas
250 gramos de harina
250 gramos de mantequilla
250 gramos de azúcar
6 huevos, 1 naranja
1 cucharadita de royal
1/2 cucharadita de vainilla

Para invitados

Por persona: 3130 kj/750 kcal
11 gramos de proteínas 39 gramos de grasas 88,5 gramos de hidratos de carbono

1. En un traste a la lumbre se derrite la mantequilla, se bate y, poco a poco se le agregan el azúcar, 6 yemas, la harina mezclada con el royal y, sin dejar de batir, las pasas, el jugo de la naranja y la vainilla.
2. Mientras reposa la masa, se baten a punto de turrón las 6 claras y se añaden, sin batir mucho, a la pasta anterior.
3. Se vacía en un molde engrasado y se mete al horno durante una media hora.

Sugerencia

Al batir las claras a punto de turrón, conviene echarles un poquito de sal o una pizca de azúcar. De esta forma suben antes.

Rosca de la corregidora

Ingredientes para 6 personas:
350 gramos de harina
150 gramos de mantequilla
100 gramos de almendra
7 huevos
1 cucharada de polvos de hornear

Exquisita

Por persona: 2360 kj/565 kcal
14 gramos de proteínas 34,5 gramos de grasas 50 gramos de hidratos de carbono

1. En una cacerola se bate la mantequilla con el azúcar; se agregan las yemas de los huevos, una a una, la harina cernida con los polvos de hornear y las claras, previamente batidas a punto de turrón.
2. En un molde rosca untado de mantequilla se vacía la anterior pasta y se espolvorea con la almendra pelada y finamente picada.
3. Se introduce en el horno y cuece a fuego regular.

Sugerencia

Puestas en agua fría, las almendras sueltan fácilmente la película.

Guacamole, pág. 52

Arte novísimo de cocina, París 1846.

ARRIAGA, C., *Cocina michoacana*, México 1950.

CORCUERA, S., *Entre gula y templanza*, México 1979.

CHAPA, M., *La cocina mexicana y su arte*, León 1983.

El cocinero mexicano o Colección de las mejores recetas para guisar al estilo americano y de las más selectas según el método de las cocinas española, italiana, francesa e inglesa..., 2 vols., México 1831.

HEREDIA, C.M., *Escogidas recetas de vigilia para días de abstinencia*, México 1947.

ISLA, M., *Manual de cocina*, México 1911.

La cocina poblana y el Libro de las familias, 2 vols., Puebla 1881.

Libro de cocina (del) Convento de San Jerónimo, México 1979.

Manual del cocinero, dedicado a las señoritas mexicanas..., México 1856.

MARTINEZ, E Y FIDALGO, J.A., *Cocina mexicana*, México 1983.

Novísimo arte de cocina o excelente colección de las mejores recetas, México 1831.

NOVO, S., *Cocina mexicana o historia gastronómica de la ciudad de México*, México 1979.

Nuevo cocinero mexicano en forma de diccionario, París 1888.

REYES, A., *Memorias de cocina y bodega*, México 1953.

RODRIGUEZ RIVERA, V., *La comida en el México antiguo y moderno*, México 1965.

RUIZ, L., *Cocina yucateca*, México 1967.

VV.AA., *Atlas cultural de México. Gastronomía*, México 1988.

VV.AA., *Recetario mexicano del maíz*, México 1983.

SANCHEZ MAYANS, F., *Cultura gastronómica de México*, Salamanca 1983.

ÍNDICE